Tim Reclam

Hat der Euro eine Zukunft?

Analyse einer unvollendeten Währung

Bibliografische Information der Deutschen Nationalbibliothek:

Die Deutsche Nationalbibliothek verzeichnet diese Publikation in der Deutschen Nationalbibliografie; detaillierte bibliografische Daten sind im Internet über http://dnb.d-nb.de abrufbar.

Impressum:

Copyright © Studylab 2019

Ein Imprint der Open Publishing GmbH

Druck und Bindung: Books on Demand GmbH, Norderstedt, Germany

Coverbild: GRIN | Freepik.com | Flaticon.com | ei8htz

Inhaltsverzeichnis

Abkürzungsverzeichnis

ABl.	Amtsblatt
AEUV	Vertrag über die Arbeitsweise der Europäischen Union
BIP	Bruttoinlandsprodukt
EFRE	Europäischer Fonds für regionale Entwicklung
EFSF	Europäische Finanzstabilisierungsfazilität
EGV	Vertrag zur Gründung der Europäischen Gemeinschaft
ELER	Europäischer Landwirtschaftsfonds für die Entwicklung des ländlichen Raums
EMFF	Europäischer Meeres- und Fischereifonds
ESF	Europäischer Sozialfonds
ESIF	Europäischen Struktur- und Investitionsfonds
ESM	Europäischer Stabilitätsmechanismus
ESZB	Europäisches System der Zentralbanken
EU	Europäische Union
EuGH	Europäischer Gerichtshof
EUV	Vertrag über die Europäische Union
EWWU	Europäische Wirtschafts- und Währungsunion
EZB	Europäische Zentralbank
FED	Federal Reserve System
FuE	Forschung und Entwicklung
GAP	Gemeinsame Agrarpolitik
MIP	Macroeconomic Imbalance Procedure
OCA	Optimum Currency Area
OECD	Organisation for Economic Cooperation and Development
OMT	Outright Monetary Transactions
QE	Quantitive Easing
SWP	Stabilitäts- und Wachstumspakt

TARGET2   Trans-European Automated Real-time Gross Settlement
               Express Transfer System

WKM II   Wechselkursmechanismus II

Abbildungsverzeichnis

"The time to repair the roof is when the sun is shining."

J. F. Kennedy: State of the Union Address, 11.01.1962

1 Einleitung

Die Europäische Union steht im Jahr 2018 an einem möglicherweise historisch bedeutsamen Wendepunkt.

Einerseits belasten das britische Votum für den Brexit sowie eine große Komplexität und mangelnde demokratische Legitimation der institutionellen Organe der EU den Erfolg der Europäischen Integration und erschweren gleichzeitig eine Identifizierung vieler Bürger der Mitgliedsstaaten mit der EU (Schwarzer 2015: 147). Gleichzeitig scheint es, dass in vielen Mitgliedsstaaten in Zeiten eines vielschichtigen gesellschaftlichen Wandels durch Globalisierung, Digitalisierung, Migration, steigende soziale Ungleichheit und die ökologische Krise Antworten auf die Herausforderungen unserer Zeit im zunehmenden Erstarken nationalistischer Tendenzen und dem Aufstieg rechtspopulistischer Parteien gesucht werden.

Auf der anderen Seite stehen die großen Erfolge der EU und ihrer Vorgänger, allen voran über 70 Jahre Frieden sowie Schutz und Förderung von Rechtsstaatlichkeit, Menschenrechten und Demokratie, wofür sie im Jahr 2012 sogar den Friedensnobelpreis erhielt (Brasche 2017: 335-337). Auch gesamtwirtschaftlich kann die EU auf eine Erfolgsgeschichte zurückblicken, wenngleich der Beitrag der EU zum Wohlstand schwer exakt zu quantifizieren ist (ebd.).[1] Zudem herrscht – zumindest im proeuropäischen Lager – weitgehende Einigkeit darüber, dass viele der Probleme unserer Zeit nur supranational sinnvoll bewältigt werden können: Für Europa bedeutet das primär auf der Ebene der Europäischen Union.

Das wirtschaftliche Wohlergehen der Menschen in den Mitgliedsstaaten ist eine entscheidende Voraussetzung dafür, dass die europäische Integration erfolgreich weitergehen kann, und zudem aufs engste verbunden mit allen o. g. Quellen des Wandels. Seit dem Ausbruch der Euro- und Staatsschuldenkrise, die im Jahr 2007 ihren Anfang nahm, wurden auf zahlreichen Gipfeltreffen der beteiligten Staaten und Institutionen erhebliche politische Konflikte ausgetragen, die zu einer Vielzahl von neuen Regeln und Überwachungsorganen geführt haben. Dieses Krisenmanagement hat zu einer Beruhigung der Lage geführt, wesentliche Defizite in der Konstruktion des Euroraums bestehen jedoch fort (De Grauwe 2018: ix).

Um eine erfolgreiche Zukunft der EU zu gewährleisten, gilt es daher, die europäischen Institutionen und Regeln und die gemeinsame Währung Euro an entschei-

---

[1] Siehe dazu Abschnitt 3.3

denden Stellen weiter zu verbessern. Dabei wird aktuell viel Hoffnung auf Frankreich und Deutschland gesetzt, da in beiden Ländern derzeit proeuropäische Regierungen im Amt sind. Zudem hat das deutsch-französische Duo sich in der Vergangenheit bereits als Motor für die Erarbeitung von europäischen Lösungen erwiesen, auch weil die in wesentlichen Politiken unterschiedlichen Präferenzkonstellationen beider Mitgliedsstaaten als gute Kompromisslösung und Diskussionsgrundlage mit und zwischen den anderen Mitgliedsstaaten dienten (Müller Gómez/Reiners/Wessels 2017: 15).

Es gibt zahlreiche Vorschläge dazu, wie der Euroraum weiterentwickelt werden sollte, die derzeit wohl prominentesten vom französischen Staatspräsidenten Macron. Durch die Vielzahl von unterschiedlichen politischen Interessen sowie wirtschaftlichen Ansichten sind gleichzeitig fast alle Vorschläge auch hochumstritten. Hier soll diese Arbeit ansetzen und in Form einer Literaturstudie erarbeiten, ob der Euro eine Zukunft hat; damit ist gemeint, ob die Währungsunion fortbesteht und die europäische Integration weiter voranschreiten kann. Um eine fundierte Einschätzung zu dieser Frage treffen zu können, werden eingangs die wirtschaftlichen Ziele der EU analysiert. Es wird aufgezeigt, inwiefern die Vorteile der Währungsunion in Einklang mit den wirtschaftlichen Zielen der EU stehen und inwiefern die Nachteile der Währungsunion den Zielen der EU zuwiderlaufen. Im Anschluss wird mit Hilfe der Theorie optimaler Währungsräume (OCA Theorie) untersucht, inwieweit sich die Mitgliedsstaaten aus theoretischer Sicht für eine gemeinsame Währung überhaupt eignen, welche Mechanismen die Nachteile der Währungsunion reduzieren können und wie sich diese seit ihrer Gründung entwickelt haben. Die Analyse soll zeigen, für welche Länder aus welchen Gründen die gemeinsame Währung eher von Vorteil ist, für welche Länder sie eher einen Nachteil bedeutet und – wo dies möglich ist – wie groß diese jeweils ungefähr sind. Aus diesen Erkenntnissen sollen später Schlüsse gezogen werden können, welche Mitgliedsstaaten eher zu Zugeständnissen bei der Weiterentwicklung des Euroraums bereit sein könnten.

Der Fokus der Arbeit liegt auf der Policy- und der Polity-Ebene, also der Analyse der ökonomischen Mechanismen und daraus folgenden Notwendigkeiten in Bezug auf die Weiterentwicklung der EU. Die Politics-Ebene, speziell das Zusammenspiel der europäischen Institutionen bei der Frage nach der praktischen Umsetzung und ggf. nötigen Änderungen der EU-Verträge, muss hier weitgehend vernachlässigt bleiben. Diese Arbeit wird ebenso keine vollumfängliche Analyse aller Vorschläge zur Weiterentwicklung des Euroraums liefern können, weil dies ihren Rahmen bei weitem sprengen würde. Einzelne Vorschläge werden bei der Beurteilung allgemeiner Kriterien jedoch aufgegriffen. Zudem werden der Verlauf der Eurokrise, der bereits vollzogenen Änderungen des Regelwerkes sowie der Gründung neuer Institutionen hier nicht noch einmal detailliert nachgezeichnet, sondern lediglich ausgewählte für die Fragestellung besonders relevante Aspekte einbezogen.

Die Motivation für die Arbeit liegt in der Gefahr des Auseinanderbrechens des Euroraums und damit einem Rückschritt der Europäische Integration, der droht, wenn auf die ungelösten Konstruktionsdefizite des Euroraums keine wirkungsvollen Antworten gefunden werden.

2 Wirtschaftliche Ziele der EU

Die wichtigste Primärquelle bzgl. der wirtschaftlichen Ziele der EU ist der Vertrag über die Europäische Union in der aktuell gültigen Fassung, der sog. Vertrag von Lissabon, welcher am 1.12.2009 in Kraft trat. In Art. 3 EUV werden die wirtschaftlichen Ziele der EU genannt, die z.T. im AEUV näher ausgeführt werden. Diese sind mit Begriffen wie *Wohlergehen, Nachhaltigkeit und Konvergenz* allerdings sowohl recht abstrakt und unpräzise als auch mitunter widersprüchlich zueinander und bedürfen daher einer näheren Betrachtung. Diese wird im folgenden Abschnitt vorgenommen.

2.1 Wirtschaftliches Wohlergehen

In Art. 3 Abs. 1 EUV heißt es: „Ziel der Union ist es, den Frieden, ihre Werte und das Wohlergehen ihrer Völker zu fördern." Der Begriff *Wohlergehen* wird hier nicht unmittelbar näher ausgeführt. Da in den weiteren Absätzen des Art. 3 EUV aber vor allem eine Ausdifferenzierung in wirtschaftlicher Hinsicht vorgenommen wird, ist davon auszugehen, dass hier vor allem wirtschaftliches Wohlergehen gemeint ist (Calliess/Ruffert 2011: 47-48). Art. 3 Abs. 3 EUV führt dazu näher aus, dass eine nachhaltige Entwicklung auf der Grundlage eines ausgewogenen Wirtschaftswachstums angestrebt werde. Eine gängige Definition für eine *nachhaltige Entwicklung* besagt, dass „künftige Generationen nicht schlechter gestellt sind, ihre Bedürfnisse zu befriedigen als gegenwärtige" (Hauff 1987: 46). Insofern ist das Ziel der Nachhaltigkeit mit dem Ziel des Wirtschaftswachstums auf Basis des heute global vorherrschenden Kapitalismus, insbesondere im Hinblick auf die fatale ökologische Entwicklung und die Zunahme der Lohn- und Vermögensspreizung, im Grundsatz unvereinbar (Lessenich 2016). Auch die im Abs. 3 als Ziel formulierte Vollbeschäftigung ist grundsätzlich nicht mit dem im selben Absatz gesetzten Ziel der Preisstabilität zu vereinbaren, da Arbeitslosigkeit und Preisstabilität tendenziell negativ korreliert sind (Burda/Wyplosz 2017: 334).

Die herrschende Lehrmeinung basierend auf der Rechtsprechung des EuGH zu den beschriebenen Zielkonflikten ist, dass diese durch „wertende Gewichtung im Sinne praktischer Konkordanz aufzulösen" sind, wobei den Organen der EU ein weites Ermessen zukommt (Calliess/Ruffert 2011: 45). Es obliegt also den Organen der EU, die in Konflikt zueinander stehenden Ziele im Einzelfall gegeneinander abzuwägen, wobei jedes bestmöglich berücksichtigt werden soll.

Art. 3 Abs. 3 EUV benennt auch die wirtschaftsverfassungsrechtliche Grundentscheidung für das Marktprinzip, indem er die „soziale Marktwirtschaft" als Ziel angibt (Calliess/Ruffert 2011: 45). Die EU verpflichtet sich also der möglichst freien Entfaltung der Marktkräfte, dem fairen Wettbewerb und dem Freihandel in Verbindung mit dem Prinzip des sozialen Ausgleichs, was zusätzlich auch in Art. 119 Abs. 1 und Art. 120 AEUV zum Ausdruck gebracht wird.[2]

In der europäischen Strategie 2020 werden messbare Kernziele im Hinblick auf das übergeordnete Ziel des wirtschaftlichen Wohlergehens genannt: die Beschäftigungsquote der 20-64-Jährigen soll demnach von derzeit 69% auf mindestens 75% erhöht werden und die Zahl der unter den nationalen Armutsgrenzen lebenden Europäer soll um 25% gesenkt werden (Europäische Kommission 2010: 13). Als Mittel zur Erreichung der Kernziele verweist die Strategie 2020 vor allem auf Bildung und Innovation, d.h. eine Verringerung der Schulabbrecherquote von 15% auf 10%, eine Erhöhung des Anteils der 30-34-Jährigen mit Hochschulabschluss von 31% auf mindestens 40% und angestrebte Investitionen i. H. v. 3% des BIP in FuE (ebd.). Diese Kernziele sollen das Wirtschafswachstum anregen, wie bereits der Untertitel *Eine Strategie für intelligentes, nachhaltiges und integratives Wachstum* deutlich macht (Europäische Kommission 2010). Auch in Bezug auf das Ziel einer nachhaltigen Entwicklung wird ein Aspekt derselben, nämlich die Energiegewinnung, in der europäischen Strategie 2020 konkretisiert. Hierzu heißt es, dass die Treibhausgasemissionen ausgehend vom Niveau von 1990 um mindestens 20% bzw. 30% verringert werden sollen, sofern die Bedingungen hierfür erfüllt sind (ebd.: 13). Der Halbsatz „sofern die Bedingungen hierfür erfüllt sind" belegt dabei den Zielkonflikt mit dem Ziel des Wirtschaftswachstums und deutet zugleich an, dass dem Wachstum eine höhere Priorität beigemessen wird als der Nachhaltigkeit. Weiterhin soll der Anteil erneuerbarer Energien auf

---

[2] In Geldeinheiten gemessen ist die wohl größte Verletzung selbst gesetzter Ziele die Summe der Subventionen im Rahmen der GAP, die auch 2017 mit rund 58 Mrd. Euro noch ca. 37% des EU-Haushaltes ausmachte (EU-ABl. L51/387 vom 28.2.2017). Der zugrundeliegende Zielkonflikt beruht auf den Zielen Freihandel und fairem Wettbewerb einerseits und der Sicherung der Nahrungsmittelversorgung andererseits, obwohl letzteres 61 Jahre nach Beginn der GAP in der heutigen von der Globalisierung geprägten Welt und in Anbetracht von Selbstversorgungsraten nahe 100% auf deutscher wie auch auf EU-Ebene stark an Gültigkeit verloren hat (BMEL 2015: 3; Hemmerling/Pascher/Naß 2016: 17-25).

20% erhöht werden und die Energieeffizienz um 20% gesteigert werden (ebd.).[3] Durch die Konkretisierung der Ziele haben Entscheidungsträger einen spezifischeren Orientierungsrahmen als ihn EUV und AUEV bieten. Allerdings hat die von der Kommission verfasste Strategie 2020 keinen verbindlichen Rechtscharakter für die Regierungen der Mitgliedsstaaten.

Wirtschaftliches Wohlergehen und Wirtschaftswachstum als übergeordnete Ziele bedürfen einer näheren Betrachtung, um die damit verbundenen Voraussetzungen bzw. Hindernisse zu konkretisieren: Beide Ziele erfordern einen stabilen institutionellen Rahmen, der Investoren und Konsumenten Sicherheit und Zuversicht gibt; starke Schwankungen oder hohe Veränderungsraten der Verbraucherpreise, Wechselkurse oder Zinsen führen tendenziell zu Unsicherheit und hemmen so die Prosperität (Akerlof/Shiller 2009: 13-14, 174-176 und De Grauwe 2018: 59). Aus dem Ziel des wirtschaftlichen Wohlergehens lässt sich daher auch das Ziel ableiten, einen möglichst stabilen institutionellen Rahmen für die Entfaltung der Marktkräfte zur Verfügung zu stellen. Dies wird in Art. 119 Abs. 3 AEUV zum Ausdruck gebracht, der von den Mitgliedsstaaten und der Union die Einhaltung von stabilen Preisen, gesunde öffentliche Finanzen und monetäre Rahmenbedingungen sowie eine tragfähige Zahlungsbilanz als richtungsweisende Grundsätze verlangt. Art 127 Abs. 1 AEUV regelt darauf Bezug nehmend, dass die Preisstabilität das vorrangige Ziel und Aufgabe des ESZB ist.[4]

Art. 140 AEUV regelt zusammen mit Art. 126 AEUV und dem dazugehörigen Protokoll Nr. 12 den Grundsatz gesunder öffentlichen Finanzen näher - der sog. Stabilitäts- und Wachstumspakt: Allen EU-Mitgliedsstaaten, d.h. auch denen, die (noch) nicht den Euro eingeführt haben, ist es durch diese Regeln grundsätzlich verboten, dass der staatliche Schuldenstand mehr als 60% des BIP beträgt und dass das jährliche Haushaltsdefizit mehr als 3% des BIP beträgt. Diese Schwellenwerte lassen sich zwar wissenschaftlich nicht eindeutig bestimmen, sind jedoch nicht willkürlich gewählt (Issing 2008: 170): Ginge man von einer realen Wachstumsrate von 3% und einer Inflationsrate von 2% aus, würde sich die Staatsschuldenquote

---

[3] Das Strategiepapier enthält sieben Leitinitiativen, die dafür sorgen sollen, dass die Kernziele erreicht werden (Europäische Kommission 2010: 5-6). Diese werden hier jedoch nicht behandelt, weil sie für die Fragestellung nur eine untergeordnete Rolle spielen.

[4] Im Abschnitt 3.2.2 wird näher darauf eingegangen, welche Probleme sich aus der Asymmetrie von nationaler Fiskal- und Lohnpolitik einerseits und supranationaler Geldpolitik andererseits ergeben.

bei 60% (dem Durchschnittswert bei Einführung des Richtwertes) stabilisieren bzw. auf diesen Wert zurückgeführt werden (ebd.). Die Begrenzung der Staatsschuldenquote an sich begründet Issing (ebd.) mit der Gefahr von Crowding-Out-Effekten. Es sei jedoch explizit darauf hingewiesen, dass in der Literatur einerseits keine Einigkeit darüber herrscht, was gesunde öffentliche Finanzen genau sind, d.h. wie hoch Staatsschuldenquoten allgemein sein dürfen bzw. sollten (Herndon/Ash/Pollin 2014 und Krugman 2013a), und andererseits, dass die Möglichkeiten einer keynesianischen makroökonomischen Steuerung für die Regierungen der Mitgliedsstaaten durch diese Regeln stark eingeschränkt werden (Brasche 2017: 222). Hinzu kommt das Problem der prozyklischen Wirkung von Austeritätspolitik für Staaten, denen bereits ein Liquiditätsproblem droht (ebd.).

Dass diese Regeln zur Begrenzung der öffentlichen Verschuldung trotzdem Bestand haben und darüber hinaus im Jahr 2012 durch den von 25 EU-Mitgliedsstaaten unterzeichneten Europäischen Fiskalpakt sogar noch verschärft wurden, liegt an der moralischen Versuchung, die der EU-Governance inhärent ist: Wie kann eine der größten Herausforderungen der EU gelöst werden, nämlich sicherzustellen, dass gemeinsam verabredete Regeln angewandt und eingehalten werden (Hasse 2007)? In den Jahren 2002/2003 waren es die „Sünder" Deutschland und Frankreich, die sich gegenseitig vor einem Defizitverfahren schützten, obwohl sie die Verschuldungsregeln wiederholt verletzt hatten (Schwarzer 2015: 80). Dazu kommt, dass die vorgesehenen Strafen im Falle von Regelverletzungen gemäß Art. 121ff. AEUV im äußersten Fall Geldstrafen sind, die Staaten auferlegt werden können. Diese vergrößern das Problem hoher Verschuldung aber ggf. sogar noch (Brasche 2017: 222). Die Glaubwürdigkeit der gemeinsam vereinbarten Regeln droht also an deren Durchsetzung zu scheitern. Sollte es dadurch wie jüngst in Griechenland noch einmal zu einem drohenden Staatsbankrott in einem Euroland kommen, könnte dieser wieder systemgefährdend für die Gemeinschaftswährung als Ganzes werden, auch weil ein Austritt aus dem Euro gemäß EUV/AEUV gar nicht möglich ist, sondern gemäß Art. 50 EUV lediglich ein Austritt aus der EU als Ganzes. Diese kurze Darstellung zeigt, wie wichtig und zugleich schwierig die haushalts- und wirtschaftspolitische Koordinierung der EU-Staaten für den Grundsatz gesunder öffentlicher Finanzen. In den letzten Jahren fanden u. a. durch *sixpack, twopack* und das Europäische Semester Reformen statt, die hier ansetzen, um die Einhaltung der Regeln zu verbessern und die Stabilität zu erhöhen, vollständig gelöst wurden die zugrundeliegenden Probleme jedoch nicht (Schwarzer 2015: 94f.).[5]

Im Hinblick auf den Grundsatz der tragfähigen Zahlungsbilanz ist schließlich zu betonen, dass es sich bei den in Art. 119 Abs. 3 AEUV genannten Grundsätzen an dieser Stelle nicht um verbindliche rechtliche Vorgaben handelt, sondern lediglich um richtungsweisende Leitbilder (Calliess/Ruffert 2011: 1574). Der Grundsatz der tragfähigen Zahlungsbilanz wird im Gegensatz zu den vorgenannten Grundsätzen nicht in einem weiteren Artikel des AEUV näher ausgeführt. Allerdings wurde dieser Grundsatz durch VO 1174/2011[6] und VO 1176/2011[7], die Teil des *sixpacks* sind, konkretisiert: Diese befassen sich mit der Vermeidung und Korrektur von makroökonomischen Ungleichgewichten. In Hinblick auf eine tragfähige Zahlungsbilanz wurde ein asymmetrischer Zielkorridor für die Leistungsbilanz von -4 bis +6% des BIPs des 3-Jahres-Durchschnitts festgelegt. Der Strafkatalog im Falle des Verstoßes einzelner Staaten umfasst wiederum Geldbußen - bis zu einer Höhe von 0,1% des BIP (Schwarzer 2015: 87). Sowohl Staaten mit Leistungsbilanzdefiziten als auch der IWF übten an der Asymmetrie des Zielkorridors heftige Kritik, da sie die Anpassungslast für die von Defiziten betroffenen Staaten als zu hoch einschätzen (ebd.).

Der beschriebene institutionelle Rahmen soll wirtschaftliches Wohlergehen in „normalen" Zeiten ermöglichen und fördern, d.h. für langfristige Planbarkeit und Stabilität sorgen. Stabilität bedeutet darüber hinaus Resilienz gegen negative wirtschaftliche Schocks, d.h. gegen nachhaltige und unerwartete negative Impulse auf der Angebots- oder Nachfrageseite oder im Finanzsektor, die plötzlich und z. T. nur vorübergehend auftreten. Beispiele dafür sind: ein starker Anstieg des Ölpreises, ein Rückgang der Exporte oder eine Kreditklemme (Brasche 2017: 207).[8]

---

[5] Siehe dazu auch Abschnitt 3.2.4.

[6] Über Durchsetzungsmaßnahmen zur Korrektur übermäßiger makroökonomischer Ungleichgewichte im Euro-Währungsgebiet

[7] Über die Vermeidung und Korrektur makroökonomischer Ungleichgewichte

[8] Siehe Abschnitt 3.1.3 für eine ausführlichere Darstellung.

2.2 Konvergenz und Kohäsion

Ein weiteres wichtiges Ziel, das näher untersucht werden soll, ist das Ziel der wirtschaftlichen Konvergenz. In der Präambel des EUV heißt es dazu, die Mitgliedsstatten seien „entschlossen, die Stärkung und die Konvergenz ihrer Volkswirtschaften herbeizuführen und eine Wirtschafts- und Währungsunion zu errichten ...". Darüber hinaus heißt es in Art. 3 Abs. 3 EUV, die EU fördere „den wirtschaftlichen Zusammenhalt ... und die Solidarität zwischen den Mitgliedsstaaten". Ist mit dem Ziel wirtschaftlicher Konvergenz also die unmittelbare Angleichung der Lebensverhältnisse gemessen am durchschnittlichen BIP pro Einwohner in den Mitgliedsstaaten gemeint? Brasche (2017: 64) weist explizit darauf hin, dass „die EU nicht den Anspruch an sich hat, das Wohlstandsgefälle in der EU über den EU-Haushalt auszugleichen". Die Tatsache, dass die EU ein Staatenbund, also ein Zusammenschluss souveräner Staaten mit jeweils eigenem Parlament und eigenem Etatrecht ist, impliziert, dass ein EU-weiter finanzieller Ausgleichsmechanismus stets auf die Zustimmung der nationalen Parlamente der Geberländer angewiesen ist. Da die EU auf die nationalen Parlamente jedoch keinen unmittelbaren Einfluss hat, sondern lediglich mittelbar in Form der Abstimmung der Wirtschaftspolitik i. S. d. der Art. 121 und 136 AEUV Einfluss nimmt, kann sie das Ziel, das Wohlstandsgefälle abzubauen, eigenständig nicht wirksam verfolgen.[9]

Eine andere Möglichkeit ist, dass Konvergenz im Sinne einer stärkeren Verzahnung von Wertschöpfungsketten innerhalb des in Art. 26 AEUV spezifizierten Binnenmarktes gemeint ist. Die internationale Handelstheorie zeigt, dass Handel und Spezialisierung den beteiligten Staaten insgesamt einen Wohlfahrtsgewinn ermöglicht (Krugman/Obstfeld/Melitz 2018: 32-33), sofern bestimmte Annahmen gelten, auf die an dieser Stelle nicht näher eingegangen werden kann. Konvergenz hieße dann, dass der durch den Binnenmarkt entstandene wirtschaftliche Wohlstandsgewinn aller beteiligten Staaten mittelbar zu einer Angleichung der Lebensverhältnisse führt (Calliess/Ruffert 2011: 1874), zumindest aber zu einer durchschnittlichen Besserstellung aller Staaten bzw. deren Bürger, und so der Zusammenhalt gefördert wird.[10]

---

[9]   Dies wird im Abschnitt 4.5 näher ausgeführt, wobei auch die aktuelle Entwicklung einbezogen wird.

[10]   In Abschnitt 3.3 wird dies näher ausgeführt und die Unterscheidung zwischen Gewinnern und Verlierern der EWWU verdeutlicht.

Eine wirtschaftliche Annährung wurde darüber hinaus im 1993 in Kraft getretenen Vertrag von Maastricht durch die sog. Konvergenzkriterien bzw. Maastricht-Kriterien festgelegt. Diese galten ursprünglich als Voraussetzungen für eine spannungsfreie Einführung des Euro und bezogen sich neben den im vorigen Abschnitt bereits erläuterten Vorgaben zur Staatsschulden- und Defizitquote auf die Preisniveau- sowie Wechselkursstabilität und die Zinssätze langfristiger Staatsanleihen (Brasche 2017: 216-218). Die Konvergenzkriterien gelten nach wie vor als Eintrittsprüfung für diejenigen Staaten, die heute zwar in der EU sind, den Euro aber (noch) nicht übernommen haben. Nach der Einführung des Euro behalten die fiskalischen Konvergenzkriterien unveränderte Gültigkeit. Sie gelten also sowohl für die Staaten, die den Euro eingeführt haben, als auch für diejenigen, die ihn nicht eingeführt haben. Art. 140 Abs. 1 AEUV und das dazugehörigen Protokoll Nr. 13 regeln neben den in Abschnitt 2.1 erwähnten fiskalischen Kriterien, dass (1) die Inflationsrate eines Mitgliedsstaates nicht mehr als 1,5 Prozentpunkte über dem Durchschnitt der drei preisstabilsten Mitgliedsstaaten liegen darf, (2) ein Mitgliedsstaat mindestens zwei Jahre lang ohne Abwertung am WKM II teilgenommen haben muss, (3) der Zinssatz langfristiger Staatsanleihen des Mitgliedstaates nicht mehr als 2 Prozentpunkte über dem Durchschnitt der drei preisstabilsten Mitgliedsstaaten liegen darf. Die Wahrung der Preisniveaustabilität ist nach der Einführung des Euro fortan Aufgabe der EZB (Art. 127 AEUV), Wechselkursschwankungen innerhalb der Währungsunion entfallen dann und die Zinsen langfristiger Staatsanleihen werden nicht mehr überwacht (Brasche 2017: 216-218). Sowohl der Wechselkurs des Euro gegenüber Drittländern als auch die Zinsen langfristiger Staatsanleihen der Staaten des Euroraums werden durch die Marktkräfte und die Erwartungen der Marktteilnehmer bestimmt, auf die die EZB durch die Gestaltung der Geldpolitik aber natürlich Einfluss hat.

Diese Konvergenzkriterien zielen also ebenfalls nicht unmittelbar – weder vor noch nach der Einführung des Euro – auf die Angleichung der Lebensverhältnisse gemessen am durchschnittlichen BIP pro Einwohner ab. Ob die vorgestellten Kriterien indes als Eintrittsprüfung geeignet waren und sind bzw. ob diese ausreichen, darüber gibt es eine kontroverse Debatte. Schmidt und Straubhaar (1995: 437) sprachen sich schon vor der Euro-Einführung u. a. für das Einbeziehen der realen Wachstumsraten und der Arbeitslosenquoten als Kriterien für die Einführung des Euro aus. Papaioannou (2015: 167ff.) verweist als nötige Kriterien zudem auf institutionelle Kapazitäten von Staaten hinsichtlich der Durchsetzung von Steuerforderungen, des Schutzes von Eigentum und Investitionen, der Funktionsfähigkeit des Rechtssystems und des Ausmaßes von Korruption und fordert Reformen, die auf Konvergenz in diesen Bereichen abzielt.

Schließlich verweisen die Artikel 170 - 178 AEUV auf die Strukturförderpolitiken der EU (Calliess/Ruffert 2011: 54). In Art. 174 AEUV heißt es, die EU verfolge eine Politik der Stärkung des wirtschaftlichen Zusammenhalts, „um eine harmonische Entwicklung der Union als Ganzes zu fördern ..., die Unterschiede im Entwicklungsstand der verschiedenen Regionen und den Rückstand der am stärksten benachteiligten Gebiete zu verringern". Als Ursachen für wirtschaftliche Divergenzen werden in Art. 174 AEUV Nachteile einiger Regionen durch industriellen Wandel, ländliche Abgeschiedenheit insbesondere in nördlichen, Insel-, Grenz- und Bergregionen und natürliche und demografische Nachteile aufgeführt. Aus diesen Quellen der Benachteiligung wird die Notwendigkeit für die Finanzierung der Regionalpolitik durch den EFRE abgeleitet, welcher in Art. 176 AEUV verankert ist (Calliess/Ruffert 2011: 1878). Der EFRE wird zusammen mit dem ELER, EMFF, ESF und dem Kohäsionsfonds unter dem ESIF subsumiert. Ohne an dieser Stelle auf alle Details der Regionalförderung und auf die weiteren dafür eingerichteten Instrumente und Fonds der EU eingehen zu können, lässt sich festhalten, dass die Regionalförderung neben der GAP einen der beiden Ausgabenschwerpunkte der EU bildet; sie hat aktuell einen Anteil von ca. 48% am Gesamthaushalt der EU (Brasche 2017: 59). Diese Ausgaben zielen also sehr wohl auf einen Ausgleich der wirtschaftlichen Stärke innerhalb der EU ab. Der Kohäsionsfonds unterstreicht dies noch einmal durch die Vorgabe, dass nur EU-Staaten Mittel aus diesem Fonds beziehen, deren pro-Kopf Einkommen unter 90% des EU-Durchschnitts liegt: Sein Ziel ist der Ausgleich der wirtschaftlichen und sozialen Ungleichheit und die Förderung einer nachhaltigen Entwicklung (Schelkle 2017: 57ff.).

Es bleibt festzuhalten, dass die EU durch die Kohäsionspolitik in Form der Regionalförderung zwar das Ziel der wirtschaftlichen Konvergenz, im Sinne der Angleichung der Lebensverhältnisse gemessen am durchschnittlichen BIP pro Einwohner der Mitgliedsstaaten, anstrebt – diesem Ziel aber faktisch kaum näher kommen kann, weil die Mittel des EU-Haushalts mit nur ca. 1,2% des EU-BIPs dafür nicht ausreichen (Brasche 2017: 64 und Nagy/Ferkelt 2007).[11] Von einem echten

---

[11] Der EU-Haushalt besteht gemäß Art. 311 und 312 AEUV ausschließlich aus Eigenmitteln, insbesondere die Aufnahme von Schulden ist der EU also nicht möglich.

Ausgleich durch die Regionalförderung kann daher keine Rede sein, allenfalls von einer partiellen und temporären Förderung besonders strukturschwacher Regionen.

Die Regionalförderung ist in wirtschaftlich-sozialer Hinsicht auch Kern des in Art. 3 Abs. 3 EUV formulierten Ziels der Solidarität zwischen den Mitgliedsstaaten (Calliess/Ruffert 2011: 54). Das Ausmaß dieser Solidarität hängt folglich maßgeblich zunächst vom Umfang des EU-Haushalts und dann wiederum vom Anteil der Regionalförderung daran ab. Dass die EU das Ziel der Solidarität nur sehr eingeschränkt erfüllt, liegt an dem inhärenten Konflikt zwischen Nettozahlern und Nettoempfängern (Brasche 2017: 59), an den im Verhältnis zu den BIPs der Mitgliedsstaaten sehr kleinen Beiträgen zum EU-Haushalt und dem Zielkonflikt der Solidarität mit dem Subsidiaritätsprinzip (Calliess/Ruffert 2011: 54) einerseits und der Nichtbeistandsklausel, Art. 125 AEUV, andererseits. Dem Ausmaß der Solidarität sind durch das Regelwerk der EU also enge Grenzen gesetzt, die jedoch auf dem Höhepunkt der Euro- und Staatsschuldenkrise überschritten wurden (Blankart 2013). Die Kohäsion der Eurozone konnte so bis dato sichergestellt werden.[12]

2.3 Zwischenfazit

Zusammenfassend kann festgehalten werden, dass die EU in einem angebotsorientierten marktwirtschaftlichen Rahmen, d.h. durch eine wettbewerbs- und wachstumsorientierte Ausrichtung, im gemeinsamen Binnenmarkt anstrebt, den ökonomischen Wohlstand der Bürger der Mitgliedsstaaten zu fördern. Es wurde aufgezeigt, dass es dabei zu diversen Zielkonflikten kommt, was in Verbindung mit Governance-Herausforderungen, insbesondere in Fragen der Durchsetzbarkeit von Regeln, zu einer komplexen Gemengelage führt. Die in ihren Grundzügen beschriebene europäische Strategie 2020, die eng den in EUV und AEUV festgelegten wirtschaftlichen Zielen folgt und diese teilweise konkretisiert, kann dies nur bedingt ändern. Für die weitere Analyse dieser Arbeit werden die wichtigsten wirtschaftlichen Ziele (1) Wachstum, (2) Stabilität im Sinne eines stabilen institutionellen Rahmens und Resilienz gegen negative Schocks und (3) Konvergenz im Sinne des supranationalen Zusammenwachsens von Wertschöpfungsketten und

---

[12] Siehe auch Abschnitt 4.5 bzgl. der in diesem Zusammenhang entscheidenden Transfers zwischen Mitgliedsstaaten.

der Annäherung des durchschnittlichen BIP pro Einwohner verwendet, die aus EUV und AEUV abgeleitet wurden. Im folgenden Abschnitt wird analysiert, inwiefern diese Ziele mit den Vor- und Nachteilen der Gemeinschaftswährung Euro kompatibel sind.

3 Vor- und Nachteile der Gemeinschaftswährung Euro

Diese Arbeit ist primär eine ökonomische Analyse der Gemeinschaftswährung, würde jedoch wesentliche Beweggründe der Euro-Einführung übersehen, wenn nicht auch politische Faktoren mit behandelt werden würden. Baldwin und Wyplosz (2015: 31) attestieren dazu, dass die europäische Integration stets durch politische Ziele vorangetrieben worden ist (Friedenssicherung, Stärkung der Demokratie, wirtschaftliches Wohlergehen u. a.), die Mittel dafür hingegen immer ökonomische waren.

Die Einführung des Euro als einer der bedeutendsten Schritte der europäischen Integration geht zurück auf einen Bericht des damaligen Präsidenten der europäischen Kommission Jacques Delors vom 17. April 1989, in dem er die Gründung der EWWU vorschlug (Baldwin/Wyplosz 2015: 22f.). Während des Zerfalls der Sowjetunion und der sich abzeichnenden deutsch-deutschen Wiedervereinigung 1990 machte der französische Präsident Francois Mitterand in den Verhandlungen über die Neuordnung Europas dann die Gründung der EWWU zur Voraussetzung für Frankreichs Zustimmung zur Wiedervereinigung Deutschlands (ebd.).[13] Der Grund dafür waren Vorbehalte, die es in ganz Europa, besonders aber in Frankreich, sowohl gegenüber der wirtschaftlichen als auch der militärischen Stärke eines wiedervereinigten Deutschlands gab (Görtemaker 2009: o. S.). Dazu zählten auch Abneigungen einiger EU-Staaten gegenüber der aus ihrer Sicht zu restriktiv ausgerichteten Geldpolitik der dominanten Deutschen Bundesbank: Durch diese hatten sich andere EU-Staaten gezwungen gesehen, sich trotz schwachen Wachstums an ihrer restriktiv ausgerichteten Geldpolitik zu orientieren, um ihre Währungen gegenüber der D-Mark zu stabilisieren, wodurch sie aber gleichzeitig ihre Volkswirtschaften in die Rezession trieben (Krugman/Obstfeld/Melitz 2018: 689ff.). In Summe und vor dem Hintergrund der beiden Weltkriege wurde befürchtet, dass ein wiedervereinigtes wirtschaftlich starkes Deutschland negative Auswirkungen auf den europäischen Zusammenhalt haben würde und erneut eine Vormachtstellung in Europa einnehmen könnte (Görtemaker 2009: o. S.). Folglich wurde das wiedervereinigte Deutschland durch die EWWU und die NATO noch enger in den Block westlicher Staaten eingebunden (ebd.).

---

[13] Der starke Einfluss Frankreichs auf die Verhandlungen liegt in seinem Status als einer der vier Siegermächte des 2. Weltkrieges begründet (Görtemaker 2009: o. S.).

Für die Gründung der EWWU war also nicht die Überzeugung ausschlaggebend, dass die ökonomischen Vorteile der Einheitswährung die Nachteile für die Mitgliedsstaaten insgesamt überwiegen würden. Es ist jedoch implizit davon auszugehen, dass eine unter dem Strich positive Wirkung unterstellt wurde, weil die Gemeinschaftswährung andernfalls mittelfristig die Stabilität des neu geschaffenen politischen Systems untergraben hätte und damit den geschilderten Absichten, die der EWWU zugrunde liegen, zuwidergelaufen wäre. Gleichwohl gab es bereits bei der Einführung des Euro eine intensive kontroverse Diskussion unter Ökonomen, von denen einige die Gemeinschaftswährung nachdrücklich kritisierten (Brasche 2017: 202).[14]

In den folgenden Abschnitten werden nun zunächst die wesentlichen ökonomischen Vor- und anschließend Nachteile der Gemeinschaftswährung Euro dargelegt. Mitunter sind die Vorteile des einen Landes gleichzeitig die Nachteile eines anderen – in diesen Fällen wird mit einem entsprechenden Hinweis aus Sicht des benachteiligten Landes argumentiert, um Doppelungen zu vermeiden. Im Zwischenfazit wird ausgeführt, inwiefern die Vorteile mit den Zielen der EU vereinbar sind und ob die Nachteile die Ziele der EU gefährden. Schließlich soll aufgezeigt werden, ob die Vorteile die Nachteile überwiegen und wer die Gewinner bzw. Verlierer sind.

3.1 Vorteile durch den Euro

3.1.1 Wohlstandsgewinn durch monetäre Integration

Durch die Einführung des Euro wurden die Kosten grenzüberschreitender Transaktionen im Euroraum deutlich gesenkt. Dieser Effizienzgewinn setzt sich im Wesentlichen zusammen aus dem Wegfallen der Handelsspanne zwischen Geld- und Briefkurs beim Währungstausch, dem Wegfallen der Gebühren von Banken bzw. Wechselstuben dabei und der Senkung von Kosten auf Seiten von Unternehmen, z.B. durch kleinere Finanzabteilungen (Emerson et al. 1992: 63). McKinsey & Company (2012: 8ff.) vergleicht die Wirkung der durch Währungstausch und Währungsabsicherung bedingten höheren Kosten grenzüberschreitender Transaktionen im Euroraum vor Euro-Einführung mit einer Handelssteuer. Durch die Einführung des Euro wurden also sowohl die internationalen Transaktionen von

---

[14] Siehe dazu auch Abschnitt 4.8 zur Debatte um die Grundstein- vs. Krönungstheorie.

Unternehmungen innerhalb des Euroraums als auch das Reisen erleichtert. Wie groß der Effizienzgewinn durch die gesunkenen Transaktionskosten gesamtwirtschaftlich ist, lässt sich nicht exakt bestimmen (Baldwin/Wyplosz 2015: 352), Schätzungen gehen aber von ca. 0,4% des BIP der EWWU aus (Emerson et al. 1992: 63-68).

Zusätzlich sorgt die einheitliche Währung für höhere Preistransparenz, d.h., Preise können nun im Euroraum direkt miteinander verglichen werden, wodurch die Wettbewerbsintensität steigt (Baldwin/Wyplosz 2015: 353ff.). Die Wirkung dieses Effekts isoliert zu quantifizieren ist kaum möglich.

Ein weiterer positiver Aspekt ist das Wegfallen des Währungsrisikos, welches sowohl grenzüberschreitende Transaktionen als auch ausländische Direktinvestitionen betrifft (ebd.). Ohne eine Gemeinschaftswährung besteht die Möglichkeit, dass sich der Wechselkurs zwischen Vereinbarung und Abrechnung einer Transaktion zu Lasten der Partei, die in Fremdwährung fakturiert, nachteilig verändert.[15] Der Euro senkt also die Unsicherheit grenzüberschreitender Transaktionen im Vergleich zum vorangegangenen System. Auch dieser Effekt ist isoliert nicht sinnvoll zu quantifizieren. Allerdings tragen alle drei genannten Effekte zur Intensivierung von Wettbewerb und Handel bei, was sich eher messen lässt, wenngleich auch dies mit großen Schwierigkeiten behaftet ist, wie weiter unten ausgeführt wird.

Durch verstärkten Wettbewerb und Handel kommt es zu einer Vielzahl für die Gesamtwirtschaft positiver Auswirkungen: Konsumenten profitieren durch eine größere Produktauswahl, mehr Innovationskraft und niedrigere Preise, während erfolgreiche Unternehmen ihre Absatzmöglichkeiten vergrößern – die gesamtwirtschaftliche Wohlfahrt steigt (Baldwin/Wyplosz 2015: 117, 182, 353 und Krugman/Obstfeld/Melitz 2018: 32-33). Die Volkswirtschaften der Mitgliedsstaaten profitieren also in der Gesamtheit, wobei die Wohlstandsgewinne tendenziell mit der Größe des Währungsraums steigen (ebd.). Allerdings verteilen sich die Wohlstandsgewinne nicht gleichmäßig: Skalen- und Verbundeffekte sorgen dafür, dass sich weniger, aber dafür größere und effizienter wirtschaftende Unternehmen am Markt behaupten und kleinere verdrängt werden (Baldwin/Wyplosz 2015: 160). Dies wiederum erhöht einerseits die Gefahr von Marktmacht einzel-

---

[15] Gegen diesen Nachteil kann sich die betreffende Partei zwar durch Währungstermingeschäfte absichern, dies steigert dann jedoch die Transaktionskosten (s.o.).

ner Unternehmen durch wettbewerbswidriges Verhalten und andererseits die politische Versuchung, Entlassungen bzw. Schließungen angeschlagener Unternehmen durch staatliche Unterstützung zu verhindern (ebd.). Die Art. 101-109 AEUV sollen beides unterbinden. Die Kommission spielt gemäß Art. 105 Abs. 1 und 108 Abs. 1 AEUV die zentrale Rolle bei der Überwachung der Einhaltung dieser Regeln.

Wie groß der Einfluss der Gemeinschaftswährung Euro auf den Handel innerhalb der EWWU ist, bleibt umstritten (De Grauwe 2018: 68f.). Eine Vielzahl ökonometrischer Studien brachte durch unterschiedliche Datensätze und Spezifizierungen der Modelle sehr unterschiedliche Ergebnisse hervor (ebd.). Rose (2000) zeigte z.B., dass zwei Staaten, die Teil einer Währungsunion sind, im Durchschnitt um 200% höhere Handelsströme untereinander aufweisen als zwei Staaten, die nicht Teil einer Währungsunion sind. Mehrere andere Studien (z.B. Flam/Nordström 2006 und Nitsch/Pisu 2008) zeigten, dass der Handel innerhalb der EWWU durch den Euro in einer Größenordnung von ca. 15-25% verstärkt worden ist. Zuletzt korrigierte Rose in einer Studie mit Glick (2015: 18-19) seine ursprünglich sehr optimistische Einschätzung dahingehend, dass sich statistisch signifikante Effekte einer Gemeinschafts-währung auf die Handelbeziehungen zweier Länder nicht systematisch nachweisen ließen. Die Lage ist also nicht eindeutig, es kann jedoch zumindest von einem schwachen positiven Effekt der Euroeinführung auf den Handel in der EWWU ausgegangen werden (Baldwin/Wyplosz 2015: 353 und De Grauwe 2018: 66f.).

Abbildung 1: Export-Anteile der Länder der ursprünglichen Eurozone untereinander in % des BIP von 1991 bis 2013
Quelle: Baldwin/Wyplosz 2015: 355

Abbildung 1 zeigt die Zunahme des Handels innerhalb der Eurozone seit den 1990er Jahren.[16] Die Abbildung zeigt, dass der Handel innerhalb der Eurozone seit der Einführung des Euro gestiegen ist, allerdings begann dieser Trend schon davor. Neben der Euroeinführung geht ein wesentlicher Beitrag zum verstärkten Handel auf die 4 Grundfreiheiten, d.h. den freien Verkehr von Waren, Personen, Dienstleistungen und Kapital, zurück, die durch den Vertrag von Maastricht 1993 eingeführt wurden (Krugman/Obstfeld/Melitz 2018: 689ff.).[17] Die gemeinsame Währung ist also in jedem Fall nicht der einzige Grund für den verstärkten Handel, ggf. auch nicht der entscheidende.

---

[16] Das Jahr 1998 ist hervorgehoben, weil in diesem Jahr die Einführung des Euro beschlossen wurde, die Wechselkurse der einzelnen Mitgliedsstaaten zum Euro unwiderruflich festgelegt wurden und der Euro fortan gesetzliche Buchungswährung wurde; das Euro-Bargeld hingegen wurde erst 2002 eingeführt.

[17] Diese sind in den Art. 28-35 (Warenverkehr), Art. 45 und 49 (Personenfreiheit), Art. 56 (Dienstleistungsfreiheit) und Art. 63 AEUV (Kapital- und Zahlungsverkehrsfreiheit) festgeschrieben.

Wie groß schließlich der Einfluss des Euro auf Wachstum und BIP der Eurozone ist, ist aufgrund der enormen Vielzahl von anderen Einflüssen noch schwieriger zu bestimmen als der Einfluss des Euro auf den Handel. Sein Beitrag könnte mit Sicherheit nur im hypothetischen Vergleich mit einer EU ohne Gemeinschaftswährung ermittelt werden. Eine Studie von McKinsey & Company (2012: 8ff.), die ebenfalls von einer Zunahme des Handels innerhalb der Eurozone(17) durch die Einführung des Euro von 15% ausgeht, schätzt die Steigerung des Eurozonen(17)-BIP des Jahres 2010 durch den Euro jedoch vorsichtig auf ca. 100 Milliarden Euro zusätzlich.[18] Dies entspricht ca. 1,1% des BIPs. Dabei ist zu berücksichtigen, dass Mitgliedsstaaten mit hohem intra-EWWU-Außenbeitrag stärker profitieren als Mitgliedsstaaten mit niedrigem: Deutschland profitierte demnach im Jahr 2010 beispielsweise von einem Wachstumsplus von 1,2%, Frankreich hingegen nur i. H. v. 0,4% des jeweiligen BIPs (ebd.).[19]

3.1.2 Niedrigere Zinsen auf Staatsanleihen

Die Entwicklung der Kosten, die Staaten für die Aufnahme von Krediten tragen müssen, lässt sich gut an den Zinssätzen langfristiger Staatsanleihen ablesen (Baldwin/Wyplosz 2015: 455). Diese hängen nach der Zinsparitätentheorie in gut integrierten Finanzmärkten (1) von der erwarteten Änderungsrate des Wechselkurses des Schuldnerstaates gegenüber ausländischen Währungen, d.h. dem Währungsrisiko, und (2) einer Risikoprämie ab (ebd.). Durch die Einführung des Euro entfiel das Währungsrisiko innerhalb der Eurozone. Das übrige Risiko, das unter anderem die Wahrscheinlichkeit eines Zahlungsausfalls enthält, wurde von den Finanzmärkten als sehr gering eingeschätzt. Folglich glichen sich die Zinssätze für Staatsanleihen der Mitglieder der EWWU mit der Euro-Einführung stark an, was bis zum Beginn der Euro- und Staatsschuldenkrise so blieb (ebd.). **Fehler! Verweisquelle konnte nicht gefunden werden.** zeigt dies exemplarisch für ausgewählte Mitgliedsstaaten der EWWU.

---

[18] Eurozone(17) meint die 17 Staaten, die zum Zeitpunkt der Studie den Euro eingeführt hatten.

[19] Diese Werte beziehen sich lediglich auf die Wachstumseffekte, die aufgrund der Euro-Einführung durch verstärkten Handel innerhalb der EWWU erzielt wurden und enthalten nicht die Wettbewerbseffekte, die sich durch Produktivitätsunterschiede und daraus folgender Wettbewerbsverzerrungen im Zuge der Währungsunion ergeben haben. Diese werden in Abschnitt 3.2.3 thematisiert.

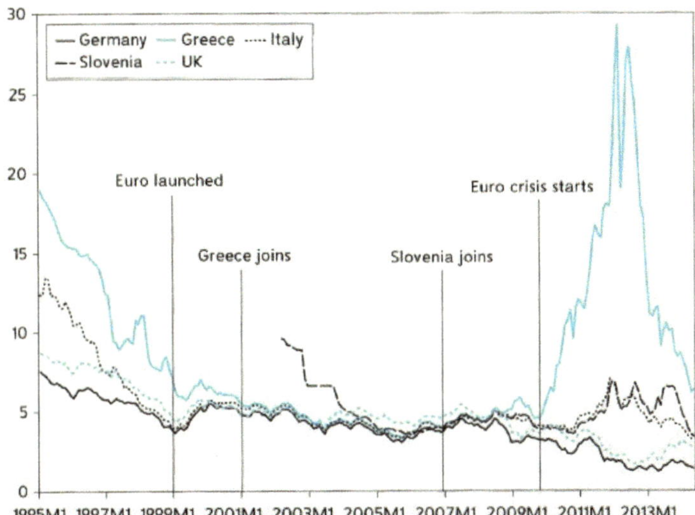

Abbildung 2: Zinsen langfristiger Staatsanleihen in % von Januar 1995 bis Mai 2014
Quelle: Baldwin/Wyplosz 2015: 455

Dieser Effekt kam besonders den Mitgliedsstaaten zugute, die vor der Euro-Einführung höhere Zinsen hatten zahlen müssen, weil ihre Inflationsraten im Schnitt höher gewesen waren und die oben genannten Risiken von den Märkten höher eingestuft worden waren. Dazu gehören u. a. Griechenland, Italien und Spanien. Im Zuge der Euro- und Staatsschuldenkrise stiegen die Zinsen auf Staatsanleihen der Mitgliedsstaaten, die von einer Zahlungsunfähigkeit bedroht waren, ab 2009 drastisch an. Art. 125 AEUV, die sog. Nichtbeistandsklausel, besagt zwar, dass weder die Union noch ein Mitgliedstaat für die Verbindlichkeiten eines anderen haften, allerdings wurde diese Regel in Anbetracht der möglichen Folgen der Einhaltung auf dem Höhepunkt der Krise umgangen (Blankart 2013: 15ff.). Die Zinsdifferenzen verringerten sich daraufhin wieder.

Einige Beobachter argumentieren, dass die Entlastung der Haushalte durch niedrigere Zinsen auf Staatsanleihen sowie die Hoffnung auf eine mittel- bis langfristige Vergemeinschaftung von Staatseinnahmen und Staatsschulden schon bei der Euro-Einführung wesentliche Motive einiger (südeuropäischer) Mitgliedsstaaten für den Euro gewesen seien (z.B. Blankart 2013 und Brasche 2017: 202).

Wie groß die Ersparnisse der EWWU-Mitgliedsstaaten durch niedrigere Zinsen auf Staatsanleihen durch den Euro genau waren und nach wie vor sind, lässt sich kaum exakt bestimmen, da die Höhe der Zinsen von vielen Faktoren abhängt. In der Studie von McKinsey & Company (2012: 8ff.) für das Jahr 2010 werden die Ersparnisse für die Eurozone(17) auf insgesamt 195 Milliarden Euro geschätzt, was ca. 2,1% des damaligen Eurozone(17)-BIPs entspricht. Davon entfielen 68 Milliarden Euro auf Italien, ca. 4,4% des italienischen BIPs und nur ca. 11 Milliarden Euro auf Deutschland, ca. 0,4% des deutschen BIPs (ebd.).

3.1.3 Risikoteilung

Ein weiterer Vorteil, den eine Gemeinschaftswährung mit sich bringt, ist die Möglichkeit der Risikoteilung, die ex ante nach dem Prinzip einer marktbasierten Versicherung funktioniert (De Grauwe 2018: 250). Die Folgen von Liquiditätsengpässen einzelner Staaten sowie Verluste von Konzernen können abgemildert werden, indem sie von der Gemeinschaft mitgetragen werden, wodurch die Stabilität insgesamt steigt. Eine funktionierende ex ante Risikoteilung erfordert dabei eine ausgewogene Verteilung des Risikos, sodass alle Mitgliedsstaaten gleichermaßen von der Versicherung profitieren. Die zu Grunde liegenden Mechanismen werden näher in den Abschnitten 4.2 und 4.5 ausgeführt, wo auch deutlich werden wird, dass die EWWU von dieser Möglichkeit bisher kaum Gebrauch macht.

Risikoteilung kann auch ex post zur Stabilität von Währungsunionen beitragen. In diesem Zusammenhang kommt der Zentralbank als Kreditgeber der letzten Instanz eine wichtige Funktion zu, welche in Abschnitt 3.2.4 ausgeführt wird, wo auch das Risiko der moralischen Versuchung behandelt wird. Beispiele für ex post Risikoteilungen aus der Geschichte der EWWU sind die Einrichtung des EFSF/ESM sowie der Schuldenerlass an Griechenland 2012 (Schelkle 2017: 56ff. und F.A.Z. 2015: o. S.).

3.1.4 Euro als internationale Währung

Es gibt weitere Vorteile durch den Euro, die im Vergleich zu den vorgenannten zumindest in Bezug auf die Motive der Euro-Einführung nachrangig zu betrachten sind. Diese sind nahezu unmöglich zu quantifizieren, wodurch es folglich nicht gelingen kann, sie abschließend in eine wertende Rangfolge zu bringen. Die nachfolgende Aufzählung impliziert eine solche daher nicht.

Zunächst ist ein weiterer Vorteil der Gemeinschaftswährung Euro, dass das ESZB durch eine erhöhte Seigniorage in dem Maße profitiert, in dem der Euro international als Zahlungsmittel verwendet wird (De Grauwe 2018: 69ff.). So steigen die Einnahmen, die das ESZB durch die Emission von Zentralbankgeld erzielt, im Vergleich zu den addierten Einnahmen der einzelnen Zentralbanken im alten System, da die einzelnen Währungen weniger stark als internationales Zahlungsmittel nachgefragt wurden. Die Größenordnung dieses Vorteils schätzt De Grauwe (ebd.) in Anlehnung an die Einnahmen der amerikanische Zentralbank FED auf bis zu 0,5% des EWWU-BIP.

Zusätzlich werden vor allem international verwendete Währungen, d.h. auch der Euro, von ausländischen Zentralbanken als Reserven gehalten und zwar üblicherweise in Form von Schatzanweisungen, was den Staaten der EWWU die Aufnahme von Krediten erleichtert (ebd.). Gleichzeitig sinken durch eine gemeinsame Zentralbank die Opportunitätskosten der Reservehaltung in fremden Währungen (Gischer/Herz/Menkhoff 2012: 398) und der europäische Finanzsektor profitiert von der verstärkten internationalen Nachfrage auf den Aktien- und Anleihemärkten der Eurozone im Vergleich zu den zuvor national geprägten Finanzmärkten der einzelnen Mitgliedsstaaten (De Grauwe 2016: 69ff.).

Darüber hinaus ist die Wahrscheinlichkeit einer erfolgreichen Geldpolitik durch die EZB, d.h. der Erreichung des Ziels der Preisniveaustabilität bei Wahrung ihrer Unabhängigkeit, größer als die Wahrscheinlichkeit der erfolgreichen Geldpolitik nationaler Zentralbanken (Baldwin/Wyplosz 2015: 353-356). Der Grund dafür ist, dass letztere eher politischem Druck für eine lockere Geldpolitik nachgeben, um einen kurzfristigen wirtschaftlichen Stimulus zu Lasten der langfristigen Kosten der Inflation anzustoßen (ebd.). Ihre Unabhängigkeit ist schwieriger zu wahren als bei einer supranationalen Organisation wie der EZB (ebd.).

Hinzu kommt außerdem, dass ein großer Währungsraum wie der Euroraum weniger anfällig für spekulative Attacken ist als die Währungen einzelner Staaten und dass die eigenständige geldpolitische Handlungsfähigkeit der Zentralbank in einem großen Währungsraum – insbesondere in der heute durch die Globalisierung geprägten Welt – größer ist als die Handlungsfähigkeit der Zentralbanken kleinerer offener Volkswirtschaften (Krugman/Obstfeld/Melitz 2018: 689ff.).

Zusammenfassend kann festgehalten werden, dass die Einführung des Euro eine Vielzahl von Größenvorteilen mit sich gebracht hat. Allerdings ist es unmöglich, deren Summe exakt in Geldeinheiten zu messen. Der Vorteil wird aber tendenziell

Ländern z. T. sehr unterschiedlich ausfällt (Baldwin/Wyplosz 2015: 400, 410). Die EZB betrachtet die Eurozone daher als Ganzes, ohne auf die Besonderheiten einzelner Länder Rücksicht zu nehmen. Eine zentrale Eigenschaft für die Erfüllung ihrer Aufgabe ist die Unabhängigkeit der EZB, die in Art. 282 Abs. 3 AEUV festgeschrieben ist. Befinden sich zwei oder mehr Länder der Währungsunion in unterschiedlichen konjunkturellen Phasen, kann die EZB nur eine im Durchschnitt ihren Zielen entsprechende Geldpolitik betreiben (Priewe 2017: o. S.). Im Hochkonjunkturland drohen Inflation und wirtschaftliche Überhitzung aufgrund der zu niedrigen Zinsen, während im Niedrigkonjunkturland die Zinsen noch zu hoch sind und die Arbeitslosigkeit nicht zurückgeht. Die gewählte Strategie kann also nie für alle Länder gleich gut geeignet sein kann, solange es makroökonomische Divergenzen zwischen den Mitgliedsstaaten gibt. Es wurde versucht, dieses Problem bereits bei der Konstruktion der EWWU im Vertrag von Maastricht in Form der Konvergenzkriterien zu berücksichtigen, was jedoch aus heutiger Sicht von vielen Ökonomen als nicht (mehr) ausreichend angesehen wird.[23] Die EZB sieht sich folglich dauerhaft mit großen Herausforderungen in der Gestaltung der „one size fits all" (Krugman 2013b: 440) Geldpolitik konfrontiert.

3.2.3 Zahlungsbilanzungleichgewichte durch Wettbewerbsverzerrung

Ein weiterer Nachteil des Euro knüpft eng an die Herausforderung einer einheitlichen Geldpolitik für die EZB an. Dabei sei gleich am Anfang darauf hingewiesen, dass dieser Abschnitt Wettbewerbsverzerrungen beschreibt, die sich im Ergebnis sowohl positiv als auch negativ für die wirtschaftliche Entwicklung einzelner Mitgliedsstaaten auswirken können. Deutschland haben diese Wettbewerbsverzerrungen bis heute große Vorteile gebracht, diversen südeuropäischen Staaten hingegen große Probleme.

Wie im letzten Abschnitt ausgeführt wurde, ist die Wahrung der Preisniveaustabilität mit einer Inflation knapp unter 2% Aufgabe des ESZB mit der EZB an der Spitze. Die EZB ist jedoch nicht uneingeschränkt in der Lage, das Preisniveau zu steuern. Sie steuert den Geldmarktzins, hat jedoch keinen unmittelbaren Einfluss auf diverse andere Einflussfaktoren, die ebenfalls das Preisniveau beeinflussen. Auch die Fiskalpolitik hat Einfluss auf die Preisniveaustabilität, weshalb gemäß Art. 119 Abs. 2 und 3 AEUV auch die Mitgliedsstaaten dem Grundsatz der stabilen

---

[23] Siehe dazu auch Abschnitt 2.2.

Preise verpflichtet sind. Dabei verdeutlicht z.B. die Debatte im Jahr 2003 um den Versuch, in Art. 2 EGV das Ziel „nichtinflationäres Wachstum" in „ausgewogenes Wachstum" als Grundsatz für die Wirtschaftspolitik der Mitgliedsstaaten zu ändern, das Spannungsfeld der Verantwortlichkeit für die Preisniveaustabilität (Hasse 2007: 231ff.).

Ein weiterer entscheidender Faktor für die Preisniveaustabilität ist die Entwicklung der Lohnstückkosten, deren Einfluss auf die Preisentwicklung von Heiner Flassbeck (z.B. in Flassbeck/Lapavitsas 2015: 31-39.) betont wird. Flassbeck (ebd.: 32) formuliert als *goldene Regel* für alle Staaten einer Währungsunion mit gemeinsamen Inflationsziel, „dass sich der Lohnzuwachs in jeder Volkswirtschaft auf die Summe des nationalen Produktivitätswachstums plus zwei Prozent belaufen sollte." Wenn diese Regel in allen Staaten der Währungsunion umgesetzt werden würde, würden die Volkswirtschaften der Mitgliedsstaaten und die EWWU als Ganzes einem stabilen Pfad entlang des Inflationsziels folgen und unabhängig von nationalen Produktivitätsentwicklungen die Stabilität der realen Wechselkurse sicherstellen und damit auch die Stabilität der internationalen Wettbewerbsfähigkeit (ebd.: 34-39). Folglich führen Abweichungen von dieser Regel zu Wettbewerbsverzerrungen zwischen den Mitgliedsstaaten der Währungsunion. Der Kern des Flassbeckschen Arguments ist also, dass eben diese Abweichungen zu Divergenzen innerhalb der EWWU geführt haben, die Vorteile für die Einen, Nachteile für die Anderen bedeuten (ebd.). **Fehler! Verweisquelle konnte nicht gefunden werden.** veranschaulicht dies, indem sie die Lohnstückkosten[24] in Südeuropa, Frankreich und Deutschland sowie das Inflationsziel der EZB vergleichend darstellt.

---

[24] Bruttoeinkommen aus unselbständiger Arbeit je Beschäftigten dividiert durch reales BIP je Erwerbstätigen

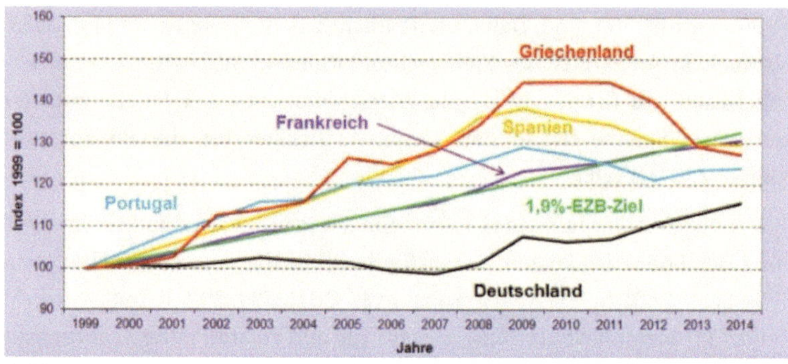

Abbildung 3: Lohnstückkosten in Südeuropa, Frankreich und Deutschland 1999 bis 2014
Quelle: Flassbeck 2015: o. S.

Die Abbildung zeigt, dass insbesondere Griechenland, Spanien und Portugal lange „über ihre Verhältnisse" gelebt haben (Flassbeck/Lapavitsas 2015: 39), dass also die Lohnstückkosten in diesen Ländern im Durchschnitt zu hoch waren und dass die Lohnstückkosten im Gegensatz dazu in Deutschland seit dem Jahr 2000 im Durchschnitt zu niedrig sind. Die Lohnstückkosten in Frankreich hingegen entwickelten sich im Einklang mit dem Inflationsziel der EZB und dem französischen Produktivitätswachstum.

Da in Deutschland gemäß Art. 9 Abs. 3 GG Tarifautonomie gilt – genauso wie dies auch in allen anderen EU-Ländern weitreichend der Fall ist (Hasse 2007: 233) – spielen Gewerkschaften und Arbeitgeberverbänden eine wichtige Rolle bei der Entwicklung der Lohnstückkosten. Der Vorwurf an die deutsche Regierung lautet nun, dass sie ab Ende der 1990er Jahre in Zeiten von (im europäischen Vergleich) hoher Arbeitslosigkeit in Deutschland Druck auf die Gewerkschaften ausübte, um das Wachstum der Löhne zu beschränken (Flassbeck/Lapavitsas 2015: 41f.). Lohnzurückhaltung in Verbindung mit den Maßnahmen der Agenda 2010, die 2003 eingeführt wurde, führten schließlich in Deutschland zu einem Rückgang der Arbeitslosigkeit, gleichzeitig aber auch zu den oben gezeigten im europäischen Vergleich zu niedrigen Lohnstückkosten (McKinsey & Company 2012: 10.): Der Niedriglohnsektor Deutschlands wuchs und die Einkommensverteilung wurde ungleicher (Priewe 2018: 28). Durch Abweichungen der Lohnstückkostenentwicklung vom Inflationsziel der EZB – im Falle Deutschlands nach unten, im Falle einiger südeuropäischer Staaten nach oben – entstand für Deutschland also ein Wettbewerbsvorteil im europäischen Vergleich, der aufgrund der einheitlichen Währung auch nicht durch Anpassungen des nominalen Wechselkurses ausgeglichen wurde. Die EWWU verstärkt so den Wettbewerb unter den Mitgliedsstaaten, indem sie Anreize setzt, die Produktivität in allen Mitgliedsstaaten der EWWU zu erhöhen (McKinsey & Company 2012: 10). Die Studie von McKinsey & Company (2012: 8ff.) für das Jahr 2010 schätzt den positiven Effekt gestiegener Wettbewerbsfähigkeit für Deutschland auf 113 Milliarden Euro, d.h. ca. 4,6% des deutschen BIPs. Der negative Effekt der im Vergleich gesunkenen Wettbewerbsfähigkeit Italiens wird hingegen auf -31 Milliarden Euro, d.h. ca. -2% des italienischen BIPs beziffert (ebd.). Für die Eurozone(17) weisen die Autoren einen neutralen Effekt für das Jahr 2010 aus (ebd.).

Der Wettbewerbsvorteil Deutschlands hat entschieden dazu beigetragen, dass Deutschland den größten Exportüberschuss weltweit hat (Priewe 2018: 5f.). Da es in der EWWU keinen Mechanismus gibt, um Zahlungsbilanzungleichgewichte wirksam zu verhindern oder zu korrigieren, hat sich dieser Zustand verfestigt (ebd.). Der deutsche Exportüberschuss führt also zu einer spaltenden Divergenz zwischen den Mitgliedsstaaten der EWWU: Die wachsenden TARGET2 Salden sind ein Indikator dafür (Priewe 2018: 20f.). Außerdem folgt daraus eine vergleichsweise zu niedrige Inflation bis hin zu Deflationsgefahr in den benachteiligten Staaten, was die „one size fits all" Geldpolitik der EZB erschwert, und zu einer Divergenz des durchschnittlichen BIPs pro Einwohner innerhalb der Eurozone führt (Priewe 2018: 7).

3.2.4 Kreditgeber der letzten Instanz

Eine wichtige Aufgabe nationaler Zentralbanken ist es, als Kreditgeber der letzten Instanz im Falle drohender Liquiditätskrisen dafür zu sorgen, dass es weder im Bankensektor noch auf Regierungsebene zu einer Kreditklemme kommt (Dieser Abschnitt ist angelehnt an De Grauwe 2018: 133-138). Für beide gilt, dass sie aufgrund der Struktur ihrer Forderungen und Verbindlichkeiten anfällig sind für Instabilität: Ihre Verbindlichkeiten sind überwiegend kurzfristiger Natur und liquide, während ihre Vermögenswerte bzw. Forderungen langfristiger Natur und illiquide sind. Kommt es zu einer wirtschaftlichen Krise, kann dadurch leicht Misstrauen gegenüber der Zahlungsfähigkeit von Banken und Staaten entstehen, welches ohne einen Kreditgeber der letzten Instanz zu einer selbsterfüllenden Liquiditätskrise und schließlich zur Zahlungsunfähigkeit führen kann. Tritt dieser Fall ein, kann es zu gravierenden Folgen für die Realwirtschaft kommen: eine Kettenreaktion von Unternehmensinsolvenzen, hoher Arbeitslosigkeit und langanhaltender Deflation ist dann möglich und wahrscheinlich.

Die EZB ist grundsätzlich auch in der Lage, die Funktion des Kreditgebers der letzten Instanz auszufüllen, genauso wie beispielsweise die amerikanische *FED* oder die *Bank of England*. Allerdings handelte sie zum entscheidenden Zeitpunkt, d.h. während der Euro- und Finanzkrise erst sehr spät: sie begann erst im September 2012, Liquidität zur Verfügung zu stellen. Ihr Zögern und die umstrittenen Bedingungen, die die EZB an die Kaufprogramme knüpfte, liegen darin begründet, dass die Art. 123 und 124 AEUV ihre Handlungsfähigkeit als Kreditgeber der letzten Instanz beschränken. Die Auslegung dieser Artikel ist intensiv und kontrovers diskutiert worden, u.a. vor dem Bundesverfassungsgericht und schließlich dem Europäischen Gerichtshof. Auch künftig wird hier wohl noch intensiv gestritten werden, wenn es zu einer Neufassung der EU-Verträge oder einer neuen Wirtschaftskrise kommt.

Der Grund für den Streit um die Funktion der EZB als Kreditgeber der letzten Instanz liegt in drei möglichen Folgen, die ihr Handeln haben könnte. Die erste mögliche Folge ist Inflation. Es hat sich jedoch gezeigt, dass diese Sorge – bis jetzt – unbegründet war. Sollte die Inflation künftig in der Eurozone zunehmen, könnte die EZB zudem gegensteuern. Die zweite mögliche Folge sind Verluste, die die EZB durch ihr Handeln erleiden könnte. De Grauwe (2018: 137) argumentiert jedoch, dass Zentralbanken in ihrem Handeln grundsätzlich der Möglichkeit unterliegen, Verluste zu erleiden. Da sie gleichzeitig in ihrer eigenen Währung keiner Solvenzrestriktion unterliegen, ist dies jedoch keine Folge, die wirklich gegen ihr Handeln als Kreditgeber der letzten Instanz spricht. Die dritte mögliche Folge ist die moralische Versuchung von Banken und Staaten, sich darauf zu verlassen, im Krisenfall mit Liquidität versorgt zu werden, und dadurch zu große Risiken in Form zu hoher Verschuldung einzugehen. Das Prinzip der Eigenverantwortung kann durch die impliziten Liquiditätsgarantien untergraben werden. Daher bedarf es einer wirkungsvollen und konsequenten Regulierung von Banken und Staatshaushalten, um zu hohe Verschuldung zu verhindern. Dies ist eine wichtige und zugleich schwierige Aufgabe, die jedoch nicht dazu führen darf, dass die Zentralbank ihre Funktion als Kreditgeber der letzten Instanz nicht ausfüllt. [25]

Zusammenfassend lässt sich also festhalten, dass ein Nachteil des Euro in der rechtlichen Unsicherheit hinsichtlich der Funktion der EZB und ihres nicht eindeutigen Auftrags als Kreditgeber der letzten Instanz besteht. Dieser Nachteil

---

[25] Siehe dazu auch Abschnitt 2.1.

könnte jedoch durch bessere und klarere Formulierung ihrer Aufgaben und Ziele behoben werden. Zudem hat die EZB in Zusammenarbeit mit der Europäischen Kommission, der Weiterentwicklung des SWP und der verbesserten Bankenregulierung und -überwachung seit dem Ausbruch der Euro- und Staatsschuldenkrise signifikante Fortschritte gemacht und durch ihr Handeln – wenngleich es spät erfolgte – doch entschieden zur Stabilität des Euro in Zeiten der Krise beigetragen.

3.3 Zwischenfazit

Im 2. Kapitel wurden die wirtschaftlichen Ziele der EU – Wachstum, Stabilität und Konvergenz – herausgearbeitet. Die Analyse der Vorteile durch die Gemeinschaftswährung Euro hat gezeigt, dass der Euro insgesamt Wachstum und Stabilität fördert. Die Bewertung des Konvergenzziels ist ambivalent, da sich der Euro z. B. durch die Angleichung der Höhe der Zinsen der Staatsanleihen zwar einerseits positiv auswirkt, andererseits durch die Tendenz zur steigenden Unternehmenskonzentration und steigender Zahlungsbilanzungleichgewichte aber auch negativ auswirkt. Die Analyse der Nachteile hat gezeigt, dass vor allem die Stabilität des Euro aber auch die Konvergenz innerhalb des Euroraums stark von den Nachteilen bzw. der mangelhaften Konstruktion des Euro bedroht werden. Dadurch haben die Nachteile das Potential, sich mittelbar auch negativ auf das Wachstumsziel auszuwirken.

Es bleibt die Frage, ob die Nachteile die Vorteile insgesamt überwiegen oder umgekehrt. Im Abschnitt 3.1 wurde der Versuch unternommen, einige der Vorteile durch den Euro in Geldeinheiten auszudrücken, was – wie aufgezeigt wurde – mit großen Schwierigkeiten verbunden ist. Die meisten in Abschnitt 3.2 beschriebenen Nachteile lassen sich noch schlechter in Geldeinheiten messen. Der numerische Vergleich der Summe von Vor- und Nachteilen muss folglich unvollständig bleiben und kann daher keine abschließende Bewertung liefern. Die Nachteile haben gemeinsam, dass sie die Stabilität der Gemeinschaftswährung gefährden, d.h. im äußersten Fall das Auseinanderbrechen der Eurozone herbeiführen können. Solange es dazu nicht kommt, überwiegen jedoch die Vorteile durch den Euro insgesamt wohl die Nachteile. Entscheidend ist allerdings, dass die Verteilung der Vor- und Nachteile asymmetrisch ist: Es wurde aufgezeigt, dass Deutschland der größte Profiteur ist. Vor allem die südeuropäischen Staaten hingegen, d.h. Griechenland, Spanien, Portugal und Italien profitieren weniger bzw. werden stärker vom Euro belastet, was allerdings auch mit daran liegt, dass sie lange „über ihre Verhältnisse" gelebt haben, wie oben gezeigt wurde.

Im nächstes Kapitel wird die OCA Theorie nachgezeichnet und auf die EWWU angewandt, um zu ergründen, inwiefern die Mitgliedsstaaten der EWWU aus theoretischer Sicht geeignet sind, eine gemeinsame Währung zu nutzen und welche Mechanismen den Nachteilen entgegenwirken können.

4 Theorie optimaler Währungsräume

Die Theorie optimaler Währungsräume (OCA Theorie) ist – trotz ihrer so lautenden Bezeichnung – keine zusammenhängende und in sich abgeschlossene Theorie. Vielmehr besteht sie aus diversen Beiträgen unterschiedlicher Autoren, die ab den frühen 1960er Jahren erforschten, welche volkswirtschaftlichen Kriterien Aufschluss darüber geben, ob sich zwei oder mehr Regionen bzw. Staaten besserstellen, wenn sie ihre jeweiligen Währungen zugunsten einer Gemeinschaftswährung aufgeben. Sie untersucht also, wie sich die Welt in Währungsräume aufteilen sollte, wobei eine einzige Weltwährung das eine Extrem, sehr viele kleine Regionalwährungen das andere Extrem darstellen. Traditionell hat jeder souveräne Staat seine eigene im Wert schwankende Währung, es gibt jedoch diverse Beispiele, von denen die EWWU wohl das derzeit prominenteste ist, in denen dies nicht der Fall ist. [26]

Der Fokus der OCA Theorie liegt auf den Nachteilen einer Währungsunion, genauer gesagt der Analyse der Fähigkeit, wie gut Mitgliedsstaaten der Währungsunion negative asymmetrische Schocks verarbeiten können (Baldwin/Wyplosz 2015: 361). Die OCA Theorie ist allerdings nicht imstande, eine Antwort auf die Frage zu geben, ob die mögliche Einführung einer Gemeinschaftswährung optimal, also die bestmögliche Option, für die beteiligten Staaten ist (ebd.), was auch daran liegt, dass die Autoren, die die wesentlichen Beiträge zur OCA Theorie geleistet haben, Optimalität unterschiedlich definiert haben. In Abhängigkeit davon, wie gut die einzelnen Kriterien erfüllt sind, kann die OCA Theorie lediglich beurteilen, ob die Nachteile des Beitritts für ein Land voraussichtlich vertretbar sind, was dann der Fall ist, wenn die Vorteile die Nachteile übertreffen. Im Folgenden werden die wichtigsten Beiträge zur OCA Theorie in chronologischer Reihenfolge dargelegt. Die einzelnen Kriterien werden dabei auf den Euro angewandt und es wird aufgezeigt, wie sie sich jeweils seit der Euroeinführung entwickelt haben.

---

[26] Eine analoge Anwendung der OCA Theorie ist auf zwei oder mehr Länder möglich, die ihre nationalen Währungen durch feste Paritäten bei voller Konvertibilität miteinander verbinden während der Wechselkurs gegenüber Drittländern flexibel bleibt (Menkhoff/Sell 1991: 577).

4.1 Mobilität des Faktors Arbeit

Das erste Kriterium, die Faktormobilität, wurde im Jahr 1961 von Robert Mundell beschrieben. Mundell legte dar, dass ein negativer asymmetrischer Schock in einer Währungsunion kein Problem für den betroffenen Mitgliedsstaat darstellt, wenn die Produktionsfaktoren Arbeit und Kapital innerhalb der Währungsunion vollkommen mobil seien. Die Reaktion auf den negativen asymmetrischen Schock könne demnach statt durch den fehlenden Wechselkursmechanismus durch die Mobilität von Arbeit und Kapital geschehen, indem die Produktionsfaktoren innerhalb der Währungsunion aus dem betroffenen Mitgliedstaat in den- oder diejenigen Mitgliedsstaaten abwandern, in denen gesamtwirtschaftliche Nachfrage und Beschäftigungsgrad höher sind. Wenn diese Verschiebung ausbleibt oder nur schwach ausgeprägt stattfindet, führt dies in dem vom negativen Schock betroffenen Staat zu einem Anstieg der Arbeitslosigkeit. Mundell (1961: 661f.) definierte eine Region folglich dann als optimalen Währungsraum, wenn innerhalb der Region Faktormobilität herrscht, über ihre Grenzen hinweg hingegen Faktorimmobilität. Die Schwäche dieser Definition ist jedoch, dass offenbleibt, bei welchem Grad an Faktormobilität Immobilität genau beginnt, wo die Grenzen einer Region also zu ziehen sind (ebd.).

Für die Analyse der EWWU kann vereinfachend festgelegt werden, dass zwei oder mehr Staaten umso geeigneter sind, eine Währungsunion zu bilden, je mobiler die Produktionsfaktoren innerhalb der Währungsunion über die nationalen Grenzen hinweg sind. Dabei stellen die 4 Grundfreiheiten zwar seit 1993 den freien Verkehr von Waren, Personen, Dienstleistungen und Kapital innerhalb der EWWU grundsätzlich sicher, die Mobilität des Faktors Arbeit bleibt jedoch eingeschränkt. Der Faktor Arbeit ist per se immobiler als das Kapital, weil Sprach- und Kulturbarrieren sowie national organisierte Ausbildungs-, Gewerkschafts-, Arbeitsrechts-, Besteuerungs- und Sozialversicherungssysteme die Arbeitsmigration behindern (Baldwin/Wyplosz 2015: 363). Aus diesem Grund wird im EU-Kontext im Allgemeinen nur die Entwicklung der Mobilität des entscheidenden Faktors Arbeit untersucht. Daraus können Rückschlüsse gezogen werden, wie groß die genannten Hürden sind.

Eine Studie der EU-Kommission (Europäische Kommission 2008) untersuchte dies für das Jahr 2008 für die Eurozone(15) und verglich die Daten mit den USA. Dabei wurde die Mobilität des Faktors Arbeit definiert als Anteil der Bevölkerung in Prozent, der aus einem Staat innerhalb der Eurozone(15) in einen anderen Staat umgezogen ist bzw. aus einem Bundesstaat innerhalb der USA in einen anderen (Europäische Kommission 2008, zit. in Baldwin/Wyplosz 2015: 370f.). Die Ergebnisse zeigen zum einen, dass die Mobilität zwischen den EU-Staaten erheblich niedriger ist als in den USA und auch die Mobilität innerhalb der einzelnen EU-Staaten noch deutlich geringer ist als in den USA (ebd.), was **Fehler! Verweisquelle konnte nicht gefunden werden.** verdeutlicht.

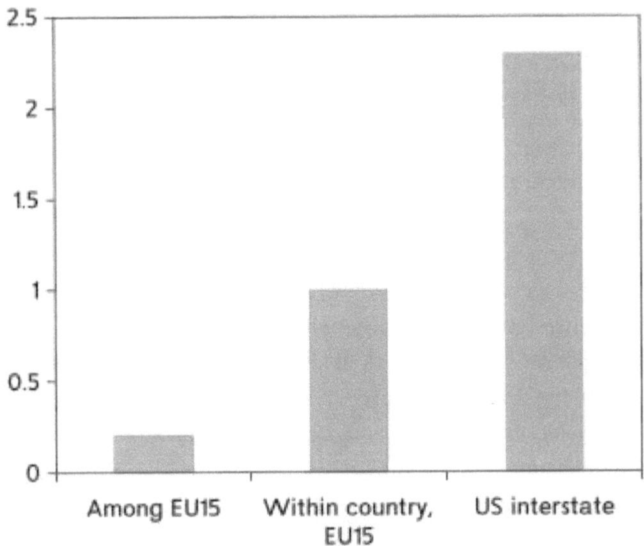

Abbildung 4: Mobilität des Faktors Arbeit in Europa und den USA im Jahr 2008
Quelle: Europäische Kommission 2008, zit. in Baldwin/Wyplosz 2015: 370

Um zu zeigen, wie sich die genannten Hürden im Zeitverlauf entwickelt haben, ist diese Vorgehensweise jedoch nur bedingt geeignet, ganz abgesehen davon, dass entsprechende Studien nicht für jedes Jahr zur Verfügung stehen. Das Problem liegt darin, dass das Auftreten eines negativen asymmetrischen Schocks, der einen Anstieg der Arbeitslosigkeit in einem Staat verursacht, ein wesentlicher Grund für einen Anstieg der berufsbedingten Umzüge sein kann. Vergleicht man nun ein Jahr, in dem ein asymmetrischer Schock einen Staat traf, mit einem Jahr, in dem dies nicht der Fall war oder ein anderer Staat betroffen war, sinkt die Aussagekraft des Vergleichs im Zeitverlauf.[27] Niedrige Werte können also auch darauf

---

[27] Eine um asymmetrische Schocks bereinigte Messung der berufsbedingten Umzüge ist zwar theoretisch denkbar, praktisch aber kaum umsetzbar.

hindeuten, dass kein asymmetrischer Schock auftrat, der Arbeitsmigration notwendig gemacht hätte, und wären in diesem Fall positiv zu interpretieren. Hinzu kommt, dass ein berufsbedingter Umzug Arbeitnehmern regelmäßig nicht möglich ist, wenn ihre Qualifikation und bisherige Berufserfahrung in ihrem Heimatland nicht zu denjenigen Anforderungen passen, die in anderen Ländern gefragt sind (Baldwin/Wyplosz 2015:363). Dies ist ein weiteres Problem, das die Aussagekraft des Vergleichs im Zeitverlauf schmälert, nämlich dann, wenn niedrige Werte berufsbedingter Umzüge nicht auf einen regionalen, sondern auf einen qualifikatorischen Mismatch zurückzuführen sind.

Eine andere Möglichkeit, die Entwicklung im Zeitverlauf zu analysieren, ist, die institutionellen Unterschiede selber zu betrachten. Die OECD erfasst dazu die Stärke der Arbeitnehmer-schutzrechte in einem Index, der umso höher ist, je schwieriger es für Firmen ist, Arbeitnehmer zu entlassen, und je weniger befristete Arbeitsverträge abgeschlossen werden (OECD 2018). Der Index kann Werte von 0 bis 6 annehmen (ebd.). Ein niedrigerer Wert schafft folglich höhere Anreize für die Mobilität von Arbeitnehmern, steht also für eine höhere Mobilität des Faktors Arbeit. Abbildung 5 zeigt, dass die Eurozone im Zeitverlauf ihre Arbeitnehmerschutzrechte gelockert hat, insbesondere seit 2010 als Reaktion auf die Euro- und Staatsschuldenkrise.

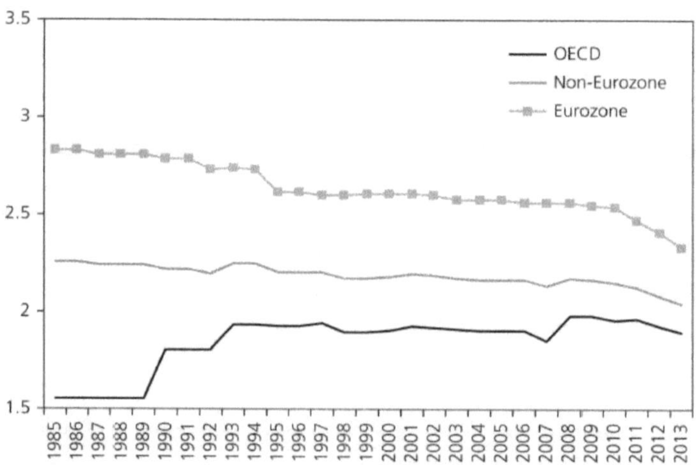

Abbildung 5: Index zur Messung der Arbeitnehmerschutzrechte
Quelle: OECD 2018, zit. in De Grauwe 2018: 92

Diejenigen Staaten, die von der Krise am schwersten betroffen waren, Irland, Griechenland, Portugal und Spanien, haben dabei die größten Veränderungen, z. B. im Bereich der Arbeitslosenunterstützung vollzogen (De Grauwe 2018: 92). Gleichzeitig liegt die Eurozone insgesamt weiterhin über dem OECD Durchschnitt.

Zusammenfassend kann festgehalten werden, dass die Mobilität des Faktors Arbeit in der EU eher schwach ausgeprägt ist. Es ist jedoch ein Bestreben der Europäischen Kommission, die genannten Hürden, die eine höhere Mobilität verhindern, im Zuge der voranschreitenden europäischen Integration abzubauen (Baldwin/Wyplosz 2015: 363). Fortschritte in diesem Prozess werden jedoch nur langsam erzielt, da die Kompetenzen für die genannten Hürden überwiegend auf nationaler Ebene verbleiben.

4.2 Finanzmarktintegration

Kurz nach Mundell wies Ingram (1962) auf die Finanzmarktintegration als Kriterium für einen optimalen Währungsraum hin. Er argumentierte, dass die innerhalb einer Währungsunion integrierten Finanzmärkte die Folgen eines vorübergehenden negativen exogenen Schocks abmildern können, indem Kredite innerhalb der Währungsunion vergeben werden. Dies gilt allerdings primär in der kurzen Frist, in der mittleren bis langen Frist müssen die Ursachen des Schocks behoben werden, beispielsweise durch die Entwicklung neuer Produktionsstrukturen oder die Steigerung der Wettbewerbsfähigkeit (Mongelli 2008: 2). Kredite können diesen Prozess befördern, sofern sie nicht dafür eingesetzt werden, ihn aufzuschieben wodurch er später ggf. noch schwieriger umzusetzen sein wird (ebd.). Ein weiterer Aspekt der Finanzmarktintegration ist der grenzübergreifende Besitz von Aktien (Schelkle 2017: 17): Wenn die Bürger und institutionellen Anleger der Mitgliedsstaaten ihr Vermögen in der gesamten Währungsunion gestreut in Aktien anlegen, werden sowohl wirtschaftliche Auf- als auch Abschwünge in einzelnen Mitgliedsstaaten von allen mitgetragen, was zur Stabilität beiträgt. Gleiches gilt für den grenzübergreifenden Besitz von Staats- und Unternehmensanleihen (De Grauwe 2018: 250f.). Freier Kapitalverkehr und der Wegfall des Wechselkursrisikos können die Auswirkungen negativer exogener Schocks also abmildern, wodurch zwei oder mehr Staaten umso besser für einen gemeinsamen Währungsraum geeignet sind, je stärker ihre Finanzmärkte integriert sind (De Grauwe 2018: 244).

Ingram (1962) argumentierte auch, dass freie Kapitalmärkte die effiziente Allokation von Ressourcen fördern: Zinsniveaudifferenzen werden durch Kapitalbewegungen ausgeglichen, das Kapital wird dort eingesetzt, wo sein Grenznutzen am höchsten ist. Einige Autoren weisen allerdings auch darauf hin, dass freie Kapitalbewegungen spekulativer Natur destabilisierenden Einfluss auf die Realwirtschaft haben können (Mongelli 2008: 2), insbesondere durch eine verstärkte Volatilität nicht-handelbarer Güter, und insbesondere solange die Eurozone keine Fiskalunion bildet (De Grauwe 2018: 259). Ein gutes Beispiel dafür ist die spanische Immobilienblase, die – bevor sie im Zuge der Euro- und Staatschuldenkrise 2008 platzte – von massiven Kapitalbewegungen, überwiegend aus Deutschland und den Niederlanden, angeheizt wurde (Krugman 2013b: 444).

In der EWWU ist die Finanzmarktintegration insgesamt bereits auf einem hohen Niveau (De Grauwe 2018: 259). Allerdings führte die Euro- und Staatschuldenkrise zu Rückschritten auf einigen Teilmärkten: Der Interbanken-Geldmarkt brach während der Krise zusammen und konnte erst durch die expansive Geldpolitik der EZB, insbesondere durch OMTs und QE, wiederaufgebaut werden (De Grauwe 2018: 245). Auch die Integration des Anleihemarktes, insbesondere desjenigen für Staatsanleihen, machte während der Krise Rückschritte und kehrte auch danach nicht zum Vorkrisen-Niveau zurück (ebd.), was in Abschnitt 3.1.2 gezeigt wurde. Ein weiteres bestehendes Hindernis für eine noch tiefere Finanzmarktintegration sind die vielen länderspezifischen rechtlichen und regulatorischen Vorschriften im Finanzbereich (De Grauwe 2018: 246ff.). Der Abbau der Unterschiede im Regelwerk und die Einführung einer Eurozonen-weiten Einlagensicherung und der sog. Kapitalmarktunion sind Schritte, die derzeit diskutiert werden und die Finanzmarktintegration weiter stärken würden (Europäische Kommission 2017: 21 und Priewe 2017: o. S.).

4.3 Offenheitsgrad eines Landes

Ronald McKinnon (1963) formulierte als Erster das Kriterium des Offenheitsgrades eines Staates und wandte sich dazu dem Gütermarkt zu. Er teilte die insgesamt in einer Volkswirtschaft produzierten Güter in zwei Klassen, einerseits handelbare andererseits nicht-handelbare Güter, und bestimmte den Offenheitsgrad eines Staates anhand des Verhältnisses dieser beiden Klassen (McKinnon 1963: 717ff.). McKinnon zeigte dann, dass Wechselkursanpassungen insoweit überflüssig werden, wie das internationale Preisniveau handelbarer Güter ausschließlich durch die internationalen Marktkräfte bestimmt wird (ebd.). Wird beispielsweise das handelbare Gut X_1 durch eine Aufwertung der Währung von Staat A im Ausland teurer und wird dieses Gut auch von Staat B produziert, muss der Preis des

Gutes in der Währung von Staat A sinken, um die Aufwertung zu kompensieren, da sich die internationale Nachfrage ansonsten auf das Angebot von Staat B konzentrieren würde. Wenn Staaten also ausgeprägte Handelsbeziehungen unterhalten und die gehandelten Güter internationalem Wettbewerb unterliegen, müssen die nominellen Preise flexibel sein (Baldwin/Wyplosz 2015: 364-365). Die Nachteile durch den Verlust des Wechselkurses in einer Währungsunion wiegen dann weniger schwer. Staaten sind also umso eher geeignet, einen gemeinsamen Währungsraum zu bilden, je intensiver sie Handel miteinander treiben (ebd.).

Abbildung 6 zeigt den Anteil von Intra-EU Exporten von EU-Ländern in % des BIPs im Jahr 2012. Diejenigen Länder, die zu dem Zeitpunkt (noch) nicht den Euro eingeführt hatten, sind in Klammern gesetzt. Dabei fällt auf, dass es große Unterschiede gibt: Einige Staaten, insbesondere die Benelux-Staaten und die neueren EU-Staaten Slowenien und Slowakei können als sehr offen gelten, andere hingegen, insbesondere Griechenland, exportieren kaum in die EU. Entsprechend unterschiedlich fällt die Geeignetheitsprüfung für eine Gemeinschaftswährung anhand dieses Kriteriums aus (De Grauwe 2018: 75f.). Wo genau eine Grenze gezogen werden, d.h. wie offen ein Staat sein sollte, um in einer Währungsunion beizutreten, kann indes nicht beantwortet werden, auch weil der Offenheitsgrad eines Landes ja nur eines von mehreren Kriterien ist (ebd.).

Slovakia	71,7
(Hungary)	67,2
(Czech Republic)	65,8
Belgium/Luxembourg	62,5
Netherlands	61,4
Slovenia	52,7
Estonia	49,5
(Lithuania)	42,6
Ireland	34,0
(Latvia)	31,8
Austria	30,4
(Poland)	28,5
Germany	24,9
(Denmark)	22,0
Portugal	19,5
(Sweden)	19,1
Malta	17,3
(Finland)	16,0
Italy	13,7
Spain	13,5
France	12,4
(United Kingdom)	10,8
Greece	6,0
(Cyprus)	5,1

Abbildung 6: Export-Anteil von EU Ländern untereinander in % des BIPs im Jahr 2012. Quelle: eigene Darstellung nach: Europäische Kommission 2018, zit. in De Grauwe 2018: 75

Die Entwicklung der Exporte innerhalb der Eurozone im Zeitverlauf wurde bereits im Abschnitt 3.1.1 behandelt. Dort wurde gezeigt, dass der Handel ab 1992 bis zur Euro- und Staatschuldenkrise 2007 stetig zunahm. Dann brach er ein und erreichte erst im Jahr 2011 wieder ungefähr das Vor-Krisen-Niveau. Die jüngste Entwicklung und die Vorhersage für die kommenden Jahre sind recht statisch: Für 2016 hat die EU-Kommission eine Veränderungsrate der Exporte innerhalb der Eurozone und aus der Eurozone heraus von zusammen 0,0% ausgewiesen, für 2017 0,3% und die Vorhersagen für 2018 und 2019 belaufen sich auf 0,2 respektive -0,1% (Europäische Kommission 2018: 186). Ein deutlicher Trend ist also nicht mehr erkennbar. Insgesamt kann aber konstatiert werden, dass die Eurozone das Kriterium der Offenheit relativ gut erfüllt, weil die meisten Mitgliedsstaaten starke Handelsbeziehungen untereinander unterhalten (Baldwin/Wyplosz 2015: 372).

Grundsätzlich darf aber nicht vergessen werden, dass dieses Kriterium nur auf handelbare Güter abstellt (Baldwin/Wyplosz 2015: 365). Weltweit ist in den meisten Staaten ca. die Hälfte der gesamtwirtschaftlichen Produktion nicht handelbar: Güter und Dienstleistungen, die national produziert und konsumiert werden, also z. B. die Sektoren medizinische Versorgung, öffentliche Verwaltung oder das Bauwesen (ebd.). Diese bleiben den möglichen negativen Folgen eines asymmetrischen Schocks auch bei hohem Offenheitsgrad in einer Währungsunion weiterhin ausgesetzt.

4.4 Produktionsdiversifikationsgrad

Ebenfalls in den 1960er Jahren wurde von Peter Kenen (1969) das Kriterium des Produktdiversifikationsgrades formuliert. Wie im Abschnitt 3.2 dargelegt wurde, ist der größte Nachteil einer Währungsunion der Verlust der Möglichkeit für jedes einzelne Land, mittels flexibler Wechselkurse auf negative asymmetrische Schocks reagieren zu können. Kenens Kriterium enthält zwei Aspekte: Zum einen argumentierte er, dass die Volkswirtschaften von Staaten umso anfälliger für asymmetrische Schocks sind, je stärker sie auf ein Produkt oder eine Produktgruppe spezialisiert sind (Kenen 1969: 95ff.). Ein Staat, der beispielsweise primär auf den Export fossiler Rohstoffe oder bestimmter Agrarprodukte setzt, ist sehr anfällig für exogene Schocks, die genau diese Sektoren betreffen. Staaten mit einer stärker diversifizierten wirtschaftlichen Struktur sind hingegen weniger stark betroffen, wenn einer der Sektoren von einem exogenen Schock betroffen ist. Der zweite Aspekt bezieht sich auf die Ähnlichkeit der Produktionsstruktur von zwei oder mehr Staaten (ebd.): Ein Sektor-spezifischer Schock trifft Staaten dann in gleichem Maße, wenn sie die gleiche Produktionsstruktur aufweisen, also ähnliche Waren und Dienstleistungen produzieren. Die in Abschnitt 3.2 thematisierten Probleme asymmetrischer Schocks entfallen dann – sofern die Staaten mit denselben wirtschaftspolitischen Maßnahmen auf den Schock reagieren. Je stärker die von zwei oder mehr Staaten produzierten und exportierten Güter also insgesamt diversifiziert sind und je ähnlicher die Staaten sich im Hinblick auf die von ihnen produzierten Güter sind, desto besser sind sie für einen gemeinsamen Währungsraum geeignet, weil die Wahrscheinlichkeit und Bürde negativer asymmetrischer Schocks sinkt (Baldwin/Wyplosz 2015: 364). Genau wie bei den anderen Kriterien der OCA Theorie bleibt es jedoch schwierig, eine Abgrenzung vorzunehmen, ab welchem Maß an Produktdiversifikation Staaten für eine Währungsunion geeignet sind.

Wie gut ist dieses Kriterium in der EWWU erfüllt? Zunächst ist festzustellen, dass die Eurozone insgesamt eine stark diversifizierte Volkswirtschaft aufweist, einzelne Mitgliedsstaaten aber durchaus Spezialisierungen aufweisen: In Deutschland hat sich ein Schwerpunkt im Maschinen- und Automobilbau herausgebildet, in den Niederlanden im Bereich Öl & Gas, in südeuropäischen Ländern im Tourismus und in Griechenland in der Schifffahrt, um einige Beispiele zu nennen. Exogene Schocks beeinflussen folglich nicht alle Mitgliedsstaaten in gleichem Maße: Deutschland profitierte z. B. überdurchschnittlich vom wirtschaftlichen Aufstieg Chinas aufgrund des daraus resultierenden Anstiegs der Nachfrage nach Investitionsgütern: Da in Deutschland viele Maschinenbauer ansässig sind, wirkte sich dieser positive Schock besonders hier aus (Eichengreen/Wyplosz 2012). Im Gegensatz dazu sahen sich z.B. Portugal und Italien, die stärker auf die Produktion von Konsumgütern spezialisiert sind, mit dem zunehmenden chinesischen Wettbewerb konfrontiert (ebd.).

Hinzu kommt, dass die in Abschnitt 3.1.1 beschriebene Zunahme der wirtschaftlichen Integration, die durch die Zunahme des intra-europäischen Handels deutlich wird, das Potential hat, sich negativ auf den Produktdiversifikationsgrad auszuwirken. Der Grund liegt in den Konzentrations- und Agglomerationseffekten, die durch Spezialisierung in großen offenen Wirtschaftsräumen auftreten (De Grauwe 2018: 26). Eine stärkere Spezialisierung einzelner Mitgliedsstaaten kann folglich die Asymmetrie zwischen ihnen im Hinblick auf die von ihnen produzierten Produkte erhöhen (Krugman/Obstfeld/Melitz 2018: 294ff.). Entscheidend ist jedoch, dass die Spezialisierung nicht notwendigerweise innerhalb eines Staates stattfindet, da Staatsgrenzen in der EWWU an Bedeutung verloren haben. Die Automobilindustrie inkl. all ihrer Zulieferer ist beispielsweise nicht allein in Deutschland zentralisiert, sondern in der Region Süddeutschland, Norditalien, Ostfrankreich: ein negativer Schock in dieser Industrie würde sich also symmetrisch auf die genannten Länder auswirken (De Grauwe 2018: 27).

Zusammenfassend kann festgehalten werden, dass die meisten Staaten der Eurozone und somit auch die Eurozone als Ganzes das Kriterium der Produktdiversifikation recht gut erfüllen (Baldwin/Wyplosz 2015: 376) und dass die wirtschaftliche Integration die Auswirkungen asymmetrischer Schocks mildern kann (De Grauwe 2018: 28).

4.5 Fiskalintegration

Kenen (1969) trug noch ein weiteres Kriterium zur OCA Theorie bei, indem er darlegte, dass die fiskalische Integration von zwei oder mehr Staaten einer Währungsunion die Folgen eines negativen asymmetrischen Schocks mildern kann. Teilen die Mitgliedsstaaten einen gemeinsamen Haushalt oder z.B. ein gemeinsames Sozialversicherungssystem und kommt es zu einem negativen asymmetrischen Schock, so sinken die Einnahmen des betroffenen Staates automatisch. Die staatlichen Ausgaben, z.B. in Form von Arbeitslosengeld, Grundsicherung oder vergleichbaren Formen hingegen steigen im betroffenen Staat. Andere staatliche Ausgaben wie beispielsweise die Besoldung von Beamten und anderen Staatsdienern sowie Rentenzahlungen können vorübergehend von den anderen Mitgliedsstaaten mitgetragen werden: Es kommt also zu indirekten Transferzahlungen vom wirtschaftlich stärkeren in den schwächeren Staat, wie sie zwischen Regionen innerhalb von Staaten üblich sind (Krugman 2013b: 442f.). Darüber hinaus sind direkte Zahlungen nach dem Vorbild des deutschen Länderfinanzausgleichs denkbar, die den gleichen Effekt haben: sowohl der wirtschaftliche Abschwung im vom Schock betroffenen Staat als auch der Aufschwung im nicht betroffenen Staat werden abgeschwächt (Baldwin/Wyplosz 2015: 365f.). Die Fiskalintegration dient also als automatischer Stabilisator innerhalb der Währungsunion, der umso stärker für Ausgleich sorgt je höher der Grad der Progression im Steuersystem ist (Schelkle 2017: 56).

Bereits der Delors-Bericht 1989 empfahl, gemeinschaftliche Kompetenzen für die Budgetpolitik zu statuieren: Schon damals wurden Monitoring und Koordinierung vor dem Hintergrund der Erfahrungen anderer Währungsunionen als unzureichend eingestuft, um undisziplinierten Budgetpolitiken einzelner Mitgliedsstatten vorzubeugen (Hasse 2007: 224ff.). Der Vertrag von Maastricht folgte dieser Empfehlung jedoch nicht. Denn eine Fiskalunion würde die Aushöhlung des „Königrechts des Parlaments" bedeuten (Brasche 2017: 53) und würde die EU einen großen Schritt näher in Richtung eines europäischen Bundesstaates bringen. Dieser Schritt, der eines einstimmigen Beschlusses aller Mitgliedsstatten bedürfte (Brasche 2017: 36), erscheint nach wie vor unrealistisch. Zu groß ist die Angst der wirtschaftlich stärkeren Länder, dauerhafte Transferzahlungen zu leisten, welche – gleich welcher Höhe – politisch sehr umstritten sind und in nationalen Debatten häufig einseitig instrumentalisiert werden (Brasche 2017: 208).

Die Alternative zum vollständigen Übertragen des Budgetrechts auf die EU-Ebene liegt im inkrementellen Ausweiten des EU-Haushalts – im Einklang mit einer

Ausweitung der Kompetenzen in denjenigen Politikfeldern, die am besten auf dieser Ebene geregelt werden, weil Staaten alleine entweder nichts bewirken können oder gemeinsames Handeln effizienter ist. Der Haushaltsentwurf des EU-Kommissars für Haushalt und Personal Günther Oettinger für den neuen Haushaltsplan ab 2021 zielt auf eine ebensolche Erhöhung des EU-Budgets ab: geplant ist eine Erhöhung zwischen 13 und 18% im Vergleich zur Finanzperiode 2014-2020 (F.A.Z. 2018: o. S.). Dieser erste Entwurf wird allerdings noch intensiv diskutiert werden, bevor der neue Haushalt einstimmig beschlossen werden und in Kraft treten kann.

Das Ausmaß der Fiskalintegration wird aber in jedem Fall begrenzt bleiben, da auch eine Erhöhung des Haushalts um 18% nur eine Ausweitung von derzeit 1% des EU-BIPs auf 1,18% bedeuten würde (ebd.). Auch die Struktur der Ausgaben mit einem neuen Schwerpunkt auf dem Schutz der EU-Außengrenzen und dem weiterhin zweitgrößten Posten Agrarhilfen (ebd.) spricht gegen die Stärkung der Funktion des oben beschriebenen automatischen Stabilisators. Da der mehrjährige Finanzrahmen zudem gemäß Art. 312 Abs. 1 AEUV immer für einen Zeitraum von mindestens 5 Jahren aufgestellt wird, ist eine baldige Verbesserung der Fiskalintegration nicht in Sicht.

4.6 Politische Homogenität

Ein weiteres Kriterium der OCA Theorie verweist auf die politische Homogenität zwischen Staaten. Dies meint vor allem die nationalen Präferenzen hinsichtlich der Höhe der Inflationsraten. Fleming (1971) zeigte, dass – wenn die Inflationsraten zweier Staaten langfristig auf einem niedrigen Niveau stabil sind – ihre realen Einfuhrtauschverhältnisse (terms of trade) ebenfalls recht stabil bleiben. Ungleichgewichte zwischen den Mitgliedsstaaten gegenüber dem Ausland sind dann tendenziell gering, wodurch die Staaten sich eher für eine Währungsunion eignen, weil die Notwendigkeit für nominelle Wechselkursanpassungen untereinander sinkt (ebd.).

Dauerhafte Unterschiede zwischen Staaten, die anhand dieses Kriteriums gegen die Geeignetheit für eine Währungsunion sprechen, können in der typischen Gestaltung der Arbeits- und Wirtschaftspolitik und dem Grad der Inflationsaversion liegen (Mongelli 2008: 3f). Häufig wird die Angst der Deutschen vor Inflation aufgrund der Erfahrungen mit der Hyperinflation in den 1920er Jahren sowie der Inflation nach dem 2. Weltkrieg betont, die die Politik der Bundesbank prägte (z.B. Krugman/Obstfeld/Melitz 2018: 687f.). Auch wenn dies mehrere Generationen zurückliegt, bestehen wohl bis heute unterschiedliche Stabilitätspräferenzen zwischen den Bevölkerungen der Mitgliedsstaaten fort: Der deutschen Inflationsaversion steht z.B. die italienische Neigung zu einer traditionell höheren Inflationsrate gegenüber (ebd.).

Das Kriterium der politischen Homogenität schließt neben der langfristigen politischen Präferenz bzgl. der Höhe der Inflationsrate auch die politische Homogenität bzgl. des Umgangs mit negativen exogenen Schocks ein. Tatsächlich gibt es so gut wie nie nur die eine richtige wirtschaftspolitische Antwort auf einen exogenen Schock (Baldwin/Wyplosz 2015: 360f.). So muss z.B. regelmäßig zwischen den Kosten von Inflation und Arbeitslosigkeit abgewogen werden oder zwischen den Vorlieben von Exporteuren für eine schwache Währung, um ihre Wettbewerbsfähigkeit zu erhöhen, und den Konsumenten für eine starke Währung, um ihre Kaufkraft zu steigern (ebd.). Dabei gibt es zwischen Staaten mitunter unterschiedliche dominante Präferenzen. Kritisch anzumerken ist jedoch, dass es auch innerhalb jedes Staates unterschiedliche wirtschaftspolitische Ansichten gibt, die je nach politischer Mehrheit wechseln. Das Kriterium greift also nur in Bezug auf gemeinsame dominante Werte (nahezu) aller Parteien eines Staates, wie die o.g. deutsche Inflationsaversion (Baldwin/Wyplosz 2015: 366f.). Solche Werte zu bestimmen und zu belegen ist jedoch mit großen Schwierigkeiten behaftet. Zudem können auch diese sich über einen längeren Zeitraum verändern.

Unterschiedliche politische Präferenzen implizieren auch, dass ein symmetrischer Schock, also einer, der die gesamte Währungsunion gleichermaßen betrifft, durch unterschiedliche wirtschaftspolitische Reaktionen der Mitgliedsstaaten zu asymmetrischen Ergebnissen führen kann. Eine wesentliche Rolle in diesem Zusammenhang spielt auch die Rigidität der Löhne (siehe Abschnitt 3.2.1), welche stark von der Struktur der Gewerkschaften und ihrer Verhandlungsmacht gegenüber Arbeitgebern abhängt und sich zwischen Staaten unterscheidet (Baldwin/Wyplosz 2015: 366f.). Wenn die Löhne sich als Reaktion auf einen Nachfragerückgang in der gesamten Währungsunion also z.B. in einem Staat besonders langsam anpassen, wird dieser mit den gleichen Folgen konfrontiert, die ein negativer asymmetrischer Schock gehabt hätte, der nur ihn betroffen hätte.

Zusammenfassend kann festgehalten werden, dass zwei oder mehr Länder umso besser für eine gemeinsame Währungsunion geeignet sind, je ähnlicher ihre jeweiligen Inflationsraten langfristig verlaufen und je stärker sich ihre Wirtschaftspolitik ähnelt. Hinsichtlich der EWWU lässt sich feststellen, dass diesbezüglich durch die Maastricht-Kriterien, die gemeinsame Geldpolitik der EZB und die Abstimmung der Wirtschaftspolitik im Rahmen des Europäischen Semesters, des ESM sowie weiterer Verträge und Abkommen wie dem Fiskalpakt und dem Euro-Plus-Pakt Fortschritte erzielt wurden. Allerdings ist dieser Prozess – u.a. wegen der in Abschnitt 2.1 beschriebenen Governance-Herausforderungen – zäh, die Umsetzung oft schwierig und so kann dieser Prozess noch lange nicht als abgeschlossen betrachtet werden.

4.7 Supranationale Solidarität

Alle sechs genannten Kriterien sind in Währungsunionen allgemein und in der Eurozone speziell wohl nie vollständig erfüllt. So wie es innerhalb von Staaten Unterschiede in den beschriebenen Bereichen gibt, so werden diese Unterschiede zu einem gewissen Grad erst Recht auf supranationaler Ebene fortbestehen. Es wird also immer asymmetrische Schocks geben, die volkswirtschaftliche Kosten verursachen werden. Die Bereitschaft, diese Kosten zu tragen, auch wenn die Vorteile der Währungsunion zeitweise kleiner erscheinen mögen als die Nachteile, hängt davon ab, wie stark zwischen den Bürgern der Mitgliedsstaaten so etwas wie ein Zusammengehörigkeitsgefühl besteht: gemeinsame Werte, ein gemeinsamer Zweck, ein Wir-Gefühl (De Grauwe 2018: 147f.). Dies ist schwierig konkret zu erfassen oder empirisch zu messen, ein Vergleich mit der deutsch-deutschen Wiedervereinigung kann dieses siebte Kriterium jedoch verdeutlichen: Als die Wiedervereinigung 1990 vollzogen wurde und West- und Ost-Deutschland damit auch eine Währungsunion bildeten, war klar, dass es auch einen gesamtdeutschen Haushalt, eine gesamtdeutsche Sozialversicherung sowie Transfersysteme und bundesweit tätige Gewerkschaften geben würde. Der Grund liegt im historisch gewachsenen Zusammengehörigkeitsgefühl des vorübergehend geteilten Deutschlands. Im Vergleich dazu ist das europäische Zusammengehörigkeitsgefühl und die daraus erwachsene supranationale Solidarität bisher eher schwach ausgeprägt. Wenn die Bürger der Mitgliedsstaaten jedoch Vertrauen in die europäischen Institutionen haben, für die europäischen Werte Achtung der Menschenwürde, Freiheit, Demokratie, Gleichheit, Rechtsstaatlichkeit und die Wahrung der Menschenrechte eintreten und erkennen, dass diese nicht selbstverständlich sind, und darüber hinaus konkreten persönlichen Nutzen für sich erkennen (z. B. durch die Freizügigkeit, den Wegfall der Notwendigkeit, Geld zu wechseln, den Wegfall von Roaming Gebühren oder einheitliche Verbraucherschutzstandards), kann die supranationale Solidarität wachsen. Dafür, dass dieser Prozess viel Zeit braucht und auch eine Generationenfrage ist, spricht auch das

Ergebnis zur Abstimmung über den Brexit, bei dem der Anteil der Befürworter mit steigendem Lebensalter wuchs, wie Abbildung 7 verdeutlicht.

Abbildung 7: Brexit-Befürworter nach Altersgruppen
Quelle: F.A.Z. 2016

Die jüngere Generation spricht dank besserer Bildung europaweit viel besser Englisch als die ältere und die EU vergibt Tausende Interrail-Tickets an junge Menschen (Berliner Zeitung 2018: o. S.): Zusammen mit dem ERASMUS-Programm und weiteren europäischen Programmen ermöglicht und fördert dies den kulturellen Austausch und damit das Zusammengehörigkeitsgefühl innerhalb der EU. Auch die 2016 gegründete Bürgerinitiative *Pulse of Europe*, die sich für die europäische Integration stark macht und seit ihrer Gründung rasant gewachsen ist (Frankfurter Rundschau 2018: o. S.), leistet dazu einen Beitrag. Die Zeit könnte also für das Kriterium der supranationalen Solidarität sprechen, ebenso wie die Tatsache, dass sich die traditionell engen europäischen Beziehungen zu den USA unter Donald Trump derzeit eher verschlechtern als verbessern. Es könnte also gelingen, dass ein stärkeres europäisches Zusammengehörigkeitsgefühl erwächst, das eine größere Kompromissbereitschaft einzelner Mitgliedsstaaten zugunsten der Gemeinschaft ermöglicht. So könnten Mängel in den zuvor genannten sechs Kriterien, welche nie vollständig erfüllt sein werden, ein Stück weit ausgeglichen werden.

4.8 Zwischenfazit

Die vorangegangenen Kapitel haben einerseits gezeigt, dass die Einführung des Euro bereits positive ökonomische Auswirkungen hatte und Potential für noch größere positive Auswirkungen birgt. Andererseits bedroht der Mangel an für Ausgleich sorgenden Mechanismen mittel- bis langfristig den Fortbestand der Währungsunion, wenn die wirtschaftliche Divergenz zu groß wird.

Anhand der Kriterien der OCA Theorie wurde untersucht, in welchen Bereichen die Währungsunion verbessert werden muss, um ihr Fortbestehen wahrscheinli-cher zu machen. Dabei wurde gezeigt, dass die Finanzmarktintegration, der Offenheitsgrad der Mitgliedsstaaten und der Grad der Produktdiversifikation überwiegend bereits gut erfüllt sind. Seit dem Inkrafttreten des Vertrags von Maastricht im Jahr 1993 hat sich die EWWU in diesen Bereichen deutlich weiterentwickelt, was der Stabilität des Euro zugutekommt. Vor allem bei der Finanzmarktintegration sind allerdings weitere Verbesserungen möglich und nötig. Die beiden Kriterien Fiskalintegration und Mobilität des Faktors Arbeit hingegen sind derzeit noch sehr schwach ausgeprägt. Zwar sind Ansätze einer Verbesserung zu erkennen, die Umsetzung geschieht aber nur sehr langsam. Hier liegt großes Potential, durch zügigere Verbesserungen den Fortbestand des Euro zu sichern. Die beiden Kriterien politische Homogenität und supranationale Solidarität fallen indes gemischt aus, eine eindeutige objektive Bewertung fällt hier schwer und konkrete Verbesserungen durch politische Entscheidungen sind schwierig zu realisieren.

Im Ergebnis wird klar, dass die Eurozone im Wortsinn kein optimaler Währungsraum ist, weshalb Vertreter der sog. Krönungstheorie die Ansicht vertreten, dass es falsch war, den Euro so früh einzuführen. Sie plädierten bereits in den 1990er Jahren dafür, die Einführung der Gemeinschaftswährung erst ans Ende einer Phase der wirtschaftlichen Konvergenz und Koordinierung von Politiken zu setzen (Mongelli 2008: 10). Ihnen gegenüber stehen die Verfechter der sog. Grundsteintheorie, die sich mit ihrer Überzeugung durchgesetzt haben, die realwirtschaftliche und politische Integration Europas durch die Einführung einer Gemeinschaftswährung zu forcieren und durchzusetzen (ebd.). Danach ist die Eurozone ein optimaler Währungsraum, zumindest in dem Sinne, dass die Nachteile für die Mitgliedsstaaten im Vergleich zu den Vorteilen vertretbar sind, dass der Euro also funktionieren kann (Priewe 2017: o. S.). Die sog. Grundsteintheorie geht zudem davon aus, dass asymmetrische Schocks dazu beitragen, dass sich die Währungsunion in Richtung eines optimalen Währungsraums entwickelt: Die Kosten, die die Schocks verursachen, können demnach zu einer endogenen Entwicklung einiger der vorgestellten Kriterien führen, die die Stabilität im Laufe der Zeit verbessert (Baldwin/Wyplosz 2015: 367-69). Die Verfechter der Grundsteintheorie behalten wohl so lange Recht, wie der Euro fortbesteht.

5 Fazit

In der vorliegenden Arbeit wurde dargestellt, dass die Architektur der Gemeinschaftswährung (1) Mängel aufweist hinsichtlich der Fähigkeit, plötzlich auftretende negative exogene Schocks hinreichend gut zu verarbeiten, und (2) langfristige Trends zur wirtschaftlichen Divergenz der Mitgliedsstaaten begünstigt. Es wurde gezeigt, dass dies den wirtschaftlichen Zielen der EU – Wachstum, Stabilität und Konvergenz – zuwiderläuft, die durch die Vorteile des Euro andererseits überwiegend gefördert werden. Außerdem wurde gezeigt, dass sich die Mitgliedsstaaten unterschiedlich gut für die Mitgliedschaft eignen und folglich auch unterschiedlich stark von der Mitgliedschaft profitieren. Im Wesentlichen sind die überdurchschnittlich profitierenden Staaten bisher diejenigen, die intensive intraeuropäische Handelsbeziehungen unterhalten und die im europäischen Standortwettbewerb die anderen Mitgliedsstaaten unterbieten, indem sie nicht dem Grundsatz der stabilen Preise folgen; dazu gehören Deutschland, Österreich und die Niederlande. Zu den größten Verlierern gehören derweil Griechenland, Spanien und Portugal. Da, wer am meisten profitiert, auch am meisten zu verlieren hat, ist das Fortbestehen des Euro also insbesondere im Interesse der Profiteure, besonders im Interesse Deutschlands als größtem Profiteur.

Ökonomische Rationalität verlangt aus Sicht der Profiteure, so viele Zugeständnisse bei den nötigen Reformen zu machen wie nötig, aber so wenige wie möglich, um das Fortbestehen des Euro zu sichern. Dies gilt primär hinsichtlich der viel diskutierten Vorschläge in Richtung einer stärkeren Fiskalintegration, die mittelbar also auf verstärkte Transfers zwischen den Mitgliedsstaaten abzielen und so vermeintlich den nationalen Interessen der derzeitigen Profiteure zuwiderlaufen. Einige konkrete Beispiele aus dieser Kategorie von Vorschlägen sind ein EU-weiter Fonds zum Ausgleich konjunktureller Unterschiede, eine EU-weite Arbeitslosenversicherung und eine EU-weite Einlagensicherung für Spareinlagen. Viele Ökonomen halten die heute bestehende Asymmetrie von Fiskal- und Geldpolitik jedenfalls für nicht zukunftsfähig (z. B. De Grauwe 2013: 31 und Priewe 2017: o. S.).

Eine zweite Kategorie von Reformvorschlägen zielt auf den Abbau nationaler Zuständigkeiten, Eigenarten und Gesetzen und den EU-weiten Ausbau derselben ab, wo dies im Einklang mit dem Subsidiaritätsprinzip geboten ist. Konkrete Beispiele dafür sind intra-europäisch tätige Gewerkschaften, einheitliche Mindestlohnkorridore nach wirtschaftlicher Leistungsfähigkeit der Mitgliedsstaaten und eine EU-weit einheitliche Besteuerung von Unternehmensgewinnen (Welt 2015: o. S.).

Schließlich gilt es, die Abstimmung der Wirtschaftspolitiken der Mitgliedsstaaten weiter zu verbessern und in Einklang mit den europäischen Zielen zu bringen. Efstathiou und Wolf (2018) zeigen diesbezüglich, dass die länderspezifischen Empfehlungen des Europäischen Semesters oft nicht (vollständig) umgesetzt werden, weil nationale Interessen im Mittelpunkt der Ausrichtung der Wirtschaftspolitiken stehen. Hier gibt es also noch viel Potential für Verbesserungen.

Abgesehen von allen Anstrengungen der wirtschaftlichen Integration bedarf es außerdem eines Ausbaus der politischen Integration, also einer Stärkung der gemeinsamen Handlungs- und Beschlussfähigkeit und des Sicherstellens der Einhaltung gemeinsam vereinbarter Regeln. Gischer, Herz und Menkhoff (2012: 395) attestieren dazu, dass die gegenwärtige Distanzierung potentieller Beitrittskandidaten zum Euroraum zurückzuführen sei auf das „groteske vertragswidrige Verhalten der Regierungen der EWWU-Teilnehmerländer". Der Ausbau der politischen Integration wird aber nicht ohne die Übertragung von Kompetenzen von der nationalen auf die supranationale Ebene funktionieren, wofür es derzeit wenig Bereitschaft in den Mitgliedsstaaten zu geben scheint. Wenn die Geschwindigkeit der politischen Integration aber geringer bleibt als jene der ökonomischen, droht die ökonomische Divergenz die politische Konvergenz zu verhindern. Eine gemeinsame europäische Lösung für die seit 2015 die Politik dominierende Herausforderung internationaler Flucht und Migration wäre ein wichtiges Signal für die Geschlossenheit Europas, um weitere Aufgaben, nicht zuletzt die Verbesserung der Stabilität des Euro, zu bewältigen.

Natürlich hängt die Zukunft des Euro maßgeblich auch davon ab, ob die Menschen, die ihn benutzen, die Gemeinschaftswährung favorisieren oder nicht. Eine unabhängige Umfrage des Pew Research Center (2013: 7) in Griechenland, Spanien, Deutschland, Italien und Frankreich deutet darauf hin, dass die Unterstützung für den Euro groß ist. Gefragt, ob sie den Euro behalten oder zu ihren nationalen Währungen zurückkehren wollen, war der Anteil der Euro-Befürworter mit zwischen 63 und 69% einheitlich in der Mehrheit (ebd.).[28] Auch wenn ein wichtiger Grund für die Zustimmung möglicherweise lediglich in der Angst vor den Turbulenzen und unkalkulierbaren Kosten liegt, die mit einer Rückkehr zu nationalen

---

[28]   Die Umfrage liegt zwar 5 Jahre zurück, fand aber nach dem Höhepunkt der Euro- und Staatsschuldenkrise statt, dürfte also nach wie vor relevant sein. Die Europäische Kommission (2017: 9) kommt zudem in jährlichen Erhebungen zu sehr ähnlichen Ergebnissen.

Währungen verbunden wären (De Grauwe 2018: 163), bleibt die pro-Euro-Mehrheit ein klarer Auftrag an die politischen Führungen der EU, mit Nachdruck an der Verbesserung der Stabilität des Euro zu arbeiten. Die alternativen Szenarien, d.h. das Ausscheiden einzelner Staaten aus dem Euro oder der Zerfall in einen Nord- und einen Südeuro (Stiglitz 2016), werden an dieser Stelle daher nicht ausgeführt.

Es sind aber diese Szenarien, die in einigen südeuropäischen Staaten für Zulauf bei eurokritischen Parteien sorgen, da diese Staaten zu den relativen Verlierern des Euro zählen, in diesen Szenarien also im Vergleich weniger zu verlieren hätten. Dies unterstreicht die Verantwortung Deutschlands als größtem Profiteur bei den nötigen Reformen der Euro-Architektur. Ob die derzeitige Reform-Geschwindigkeit ausreicht, wird sich wohl erst in der nächsten Krise zeigen. Wenn bis dahin ausreichend Verbesserungen in der Euro-Architektur auf den Weg gebracht worden sind, oder spätestens dann – durch die Krise angestoßen – umgesetzt werden, stehen die Chancen, dass der Euro eine Zukunft hat, sehr gut. Angela Merkels berühmter Satz, „Scheitert der Euro, dann scheitert Europa" (Deutscher Bundestag 2010) deutet darauf hin, dass zumindest die derzeitige Bundesregierung versuchen wird, es nicht zum Scheitern des Euro kommen zu lassen.

Literaturverzeichnis

Akerlof, George; Shiller, Robert (2009): Animal Spirits. How human psychology drives the economy, and why it matters for global economy. Princeton: Princeton University Press.

Baldwin, Richard; Wyplosz, Charles (2015): The economics of European Integration. London: McGraw-Hill Education.

Berliner Zeitung (2018): Kostenfrei. Die EU vergibt 15.000 Interrail-Tickets an 18-Jährige. https://www.berliner-zeitung.de/panorama/kostenfrei-eu-vergibt-15-000-interrail-tickets-an-18-jaehrige-30601202 (Zugriff: 18.07.2018).

Blankart, Charles B. (2013): D-Mark, Euro, Eurokrise und danach. In: Vierteljahreshefte zur Wirtschaftsforschung 82 (2). S. 9-23.

BMEL (Bundesministerium für Ernährung und Landwirtschaft) (2015): Umsetzung der EU-Agrarreform in Deutschland. Ausgabe 2015. Berlin: BMEL.

Brasche, Ulrich (2017): Europäische Integration. Wirtschaft, Euro-Krise, Erweiterung und Perspektiven. Berlin/Boston: De Gruyter Oldenbourg.

Burda, Michael; Wyplosz, Charles (2017): Macroeconomics. A European text. Oxford: Oxford University Press.

Calliess, Christian; Ruffert, Matthias (2011): EUV/AEUV. Kommentar. München: C.H. Beck.

De Grauwe, Paul (2013): Design failures in the Eurozone: Can they be fixed? LSE *Europe in Question* Discussion Paper Series (LEQS) No. 57.

De Grauwe, Paul (2018): Economics of monetary union. Oxford: Oxford University Press.

Deutscher Bundestag (2010): Regierungserklärung von Bundeskanzlerin Angela Merkel zu den Euro-Stabilisierungsmaßnahmen vom 19.5.2010. https://www.bundesregierung.de/ ContentArchiv/DE/Archiv17/Regierungserklaerung/2010/2010-05-19-merkel-erklaerung-eu-stabilisierungsmassnahmen.html (Zugriff 25.07.2018).

Efstathiou, Konstantinos; Wolf, Guntram B. (2018): Is the European Semester effective and useful? Bruegel Policy Contribution No 9. http://bruegel.org/2018/06/is-the-european-semester-effective-and-useful/ (Zugriff: 19.07.2018).

Eichengreen, Barry; Wyplosz, Charles (2012): Kenen on the euro. https://voxeu.org/article/kenen-euro?quicktabs_tabbed_recent_articles_block=0 (Zugriff: 10.07.2018).

Emerson, Michael; Gros, Daniel; Italianer, Alexander; Pisani-Ferry, Jean; Reichenbach, Horst (1992): One market, one money: An evaluation of the potential benefits and costs of forming an economic and monetary union. Oxford: Oxford University Press.

Europäische Kommission (2008): Geographic Mobility in the European Union: Optimising its economic and social benefits. http://ec.europa.eu/social/main.jsp?newsId=385&langId=en&catId=89&furtherNews=yes& (Zugriff: 18.06.2018).

Europäische Kommission (2010): Europa 2020. Eine Strategie für intelligentes, nachhaltiges und integratives Wachstum. http://ec.europa.eu/eu2020/pdf/COMPLET%20%20DE%20SG-2010-80021-06-00-DE-TRA-00.pdf (Zugriff: 30.05.2018).

Europäische Kommission (2017): Reflexionspapier zur Vertiefung der Wirtschafts- und Währungsunion. https://ec.europa.eu/commission/sites/beta-political/files/reflection-paper-emu_de.pdf (Zugriff: 02.08.2018).

Europäische Kommission (2018): European Economic Forecast. Spring 2018. In: European Economy Institutional Papers (77). https://ec.europa.eu/info/sites/info/files/economy-finance/ip077_cn.pdf (Zugriff: 30.06.2018).

EZB (2003): Pressemitteilung: Die geldpolitische Strategie der EZB. https://www.ecb.europa.eu/press/pr/date/2003/html/pr030508_2.de.html (Zugriff: 13.07.2018).

F.A.Z. (2015): Wie viel Schulden Griechenland schon erlassen wurden. http://www.faz.net/aktuell/wirtschaft/eurokrise/griechenland/wie-viel-schulden-griechenland-schon-erlassen-wurden-ein-offener-und-ein-verdeckter-schuldenschnitt-13391476.html (Zugriff: 13.06.2018).

F.A.Z. (2016): Die Alten wählten den Brexit – die Analyse. http://www.faz.net/aktuell/brexit/wahl-analyse-die-alten-waehlten-den-brexit-14301861.html (Zugriff: 18.07.2018).

F.A.Z. (2018): Oettinger will EU-Budget um bis zu 18 Prozent erhöhen. http://www.faz.net/aktuell/wirtschaft/guenther-oettinger-will-eu-budget-um-bis-zu-18-prozent-erhoehen-15559906.html (Zugriff: 20.07.2018).

Flam, Harry; Nordström, Hakan (2006): Euro effects on the intensive and extensive margins of trade. CESIfo Working Paper No 1881. https://www.cesifo-group.de/DocDL/ cesifo1_wp1881.pdf (Zugriff 17.06.2018).

Flassbeck, Heiner; Lapavitsas, Costas (2015): Nur Deutschland kann den Euro retten. Frankfurt/Main: Westend.

Flassbeck, Heiner (2015): Die schärfsten Kritiker der Elche waren früher selber welche – Kritik aus Spanien und Portugal an Griechenland. https://makroskop.eu/2015/03/die-schaerfsten-kritiker-der-elche-waren-frueher-selber-welche-kritik-aus-spanien-und-portugal-an-griechenland/ (Zugriff: 13.07.2018).

Fleming, John M. (1971): On exchange rate unification. In: The Economic Journal 81, S. 467-488.

Frankfurter Rundschau (2018): Blaue Fanmeile für Europa. http://www.fr.de/frankfurt/pulse-of-europe-in-frankfurt-blaue-fanmeile-fuer-europa-a-1536037 (Zugriff: 18.07.2018).

Glick, Reuven; Rose, Andrew K. (2015): Currency Unions and Trade: A Post-EMU Mea Culpa. Federal Reserve Bank of San Francisco Working Paper 2015-11. https://www.frbsf.org/economic-research/files/wp2015-11.pdf (Zugriff: 17.06.2018).

Gischer, Horst; Herz, Bernhard; Menkhoff, Lukas (2012): Geld, Kredit und Banken. Eine Einführung. Berlin, Heidelberg, New York u.a.: Springer.

Görtemaker, Manfred (2009): Verhandlungen mit den vier Mächten. http://www.bpb.de/geschichte/deutsche-einheit/deutsche-teilung-deutsche-einheit/43771/2-plus-4-verhandlungen?p=all (Zugriff 06.06.2018).

Hasse, Rolf H. (2007): Risiken der Desintegration. Gefährdungen des Binnenmarktes durch Regelverletzungen und Regelumkehrungen. In: W. Schäfer und A. Wass von Czege (Hg.): Das Gemeinsame Europa – viele Wege, kein Ziel? Baden-Baden: Nomos, S. 219-242.

Hauff, Volker (1987): Unsere gemeinsame Zukunft – Der Brundtland-Bericht der Weltkommission für Umwelt und Entwicklung. Greven: Eggenkamp.

Hemmerling, Udo; Pascher, Peter; Naß, Silke (2016): Situationsbericht 2016/17. Trends und Fakten zur Landwirtschaft. Berlin: Deutscher Bauernverband.

Herndon, Thomas; Ash, Michael; Pollin, Robert (2014): Does high public debt consistently stifle economic growth? A critique of Reinhart and Rogoff. In: Cambridge journal of economics 38 (2), S. 257–279.

Ingram, James C. (1962): Regional payment mechanisms: The case of Puerto Rico. Chapel Hill: University of North Carolina Press.

Issing, Otmar (2008): Der Euro. Geburt, Erfolg, Zukunft. München: Franz Vahlen.

Kenen, Peter (1969): The theory of optimum currency areas. In: R. Mundell und A. Swoboda (Hg.): Monetary Problems of the International Economy. Chicago: Chicago University Press, S. 95-100.

Krugman, Paul (2013a): Reinhart and Rogoff are not happy. In: The New York Times. 26.5.2013. https://krugman.blogs.nytimes.com/2013/05/26/reinhart-and-rogoff-are-not-happy/ (Zugriff: 1.06.2018).

Krugman, Paul (2013b): Revenge of the optimum currency area. In: NBER Macroeconomics Annual 2012 27 (1), S. 439-448.

Krugman, Paul; Obstfeld, Maurice; Melitz, Marc (2018): International Economics. Theory and Policy. Harlow: Pearson Education.

Lessenich, Stephan (2016): Neben uns die Sintflut. Die Externalisierungsgesellschaft und ihr Preis. Berlin: Hanser.

Menkhoff, Lukas; Sell, Friedrich (1991): Optimaler Währungsraum. Wie weit sollte der Gestaltungsbereich einer europäischen Währung reichen? In: Wirtschaftswissenschaftliches Studium (WiSt): Zeitschrift für Studium und Forschung 20 (11), S. 577-580.

McKinnon, Ronald (1963): Optimum Currency Areas. In: The American Economic Review 53 (4), S. 717-725.

McKinsey & Company (2012): The future of the euro: An economic perspective on the euro crisis. https://www.mckinsey.de/files/The%20future%20of%20the%20euro_McKinsey%20re port.pdf (Zugriff: 22.05.2018).

Mongelli, Francesco P. (2008): European economic and monetary integration and the optimum currency area theory. In: European Economy - Economic Papers (302). Directorate General Economic and Financial Affairs (DG ECFIN), European Commission.

Müller Gómez, Johannes; Reiners, Wolfgang; Wessels, Wolfgang (2017): EU-Politik in Krisenzeiten. Krisenmanagement und Integrationsdynamik in der Europäischen Union. In: Europa. Aus Politik und Zeitgeschichte 67 (37), S. 11-17.

Mundell, Robert (1961): A theory of optimum currency areas. In: The American Economic Review 51 (4), S. 657-665.

Nagy, Katalin; Ferkelt, Balázs (2007): Finanzielle Vorausschau und Kohäsionspolitik: Zielkonflikte. In: W. Schäfer und A. Wass von Czege (Hg.): Das Gemeinsame Europa – viele Wege, kein Ziel? Baden-Baden: Nomos, S. 243-263.

Nitsch, Volker; Pisu, Mauro (2008): Scalpel, Please! Dissecting the Euro's Effect on Trade. http://beta.nottingham.ac.uk/gep/documents/seminars/2008/mauro-pisu.pdf (Zugriff: 16.07.2018).

OECD (2018): Employment Protection Legislation: Strictness of employment protection legislation: regular employment, OECD Employment and Labour Market Statistics database. http://dx.doi.org/10.1787/data-00318-en (Zugriff: 18.06.2018).

Papaioannou, Elias (2015): Eurozone original sin? Nominal rather than institutional convergence. In: Baldwin, R. und Giavazzi, F (Hg.): The Eurozone crises: A consensus view of the causes and a few possible solutions. London: CEPR, S. 162-169.

Pew Research Center (2013): The New Sick Man of Europe: the European Union. http://www.pewglobal.org/2013/05/13/the-new-sick-man-of-europe-the-european-union/ (Zugriff: 22.07.2018).

Priewe, Jan (2017): Ist die Eurozone vielleicht doch ein „optimaler Währungsraum"? https://makronom.de/ist-die-eurozone-vielleicht-doch-ein-optimaler-waehrungsraum-19143 (Zugriff: 05.07.2018).

Priewe, Jan (2018): A time bomb for the Euro? Understanding Germany`s current account surplus. IMK Studies, Nr. 59. Düsseldorf: IMK.

Rose, Andrew K. (2000): One money, one market: Estimating the effect of common currencies on trade. In: Economic Policy 30. S. 9-45.

Schelkle, Waltraud (2017): The political economy of monetary solidarity. Understanding the Euro experiment. Oxford: Oxford University Press.

Schmidt, Christian; Straubhaar, Thomas (1995): Maastricht II: Bedarf es realer Konvergenzkriterien? In: Wirtschaftsdienst 75 (8), S. 434-442.

Schwarzer, Daniela (2015): Die Europäische Währungsunion. Geschichte, Krise und Reform. Stuttgart: Kohlhammer.

Stiglitz, Joseph E. (2016): The Euro and its Threat to the Future of Europe. London: Allen Lane.

Welt (2015): Warum Europa zu einer Sozialunion werden muss. Gastbeitrag von Sigmar Gabriel und Emmanuel Macron. https://www.welt.de/wirtschaft/article141919414/Warum-Europa-zu-einer-Sozialunion-werden-muss.html (Zugriff 25.07.2018).